INTEGRAÇÃO REGIONAL E HARMONIZAÇÃO TRIBUTÁRIA INTERNACIONAL

MOACIR JOSÉ BARREIRA DANZIATO

INTEGRAÇÃO REGIONAL E HARMONIZAÇÃO TRIBUTÁRIA INTERNACIONAL

O CONTEXTO DAS RELAÇÕES JURÍDICAS ENTRE BRASIL E ARGENTINA

VERMELHO MARINHO

2023

Autor: Moacir José Barreira Danziato

Editor-chefe: Tomaz Adour

Consultoria de escrita: Central de Escritores: Rose Lira, João de Almeida Neto e Gabriella Maciel Ferreira.

Diagramaçao e Capa: Marcelo Amado

Dados Internacionais de Catalogação na Publicação (CIP)
Fabio Osmar de Oliveira Maciel – CRB-7 6284

D199i

Danziato, Moacir José Barreira
Integração regional e harmonização tributária internacional: o contexto das relações jurídicas entre Brasil e Argentina / Moacir José Barreira Danziato. – 1. ed. – Rio de Janeiro : Vermelho Marinho, 2023.
224 p. ; 21 cm.

ISBN 978-85-8265-318-0

1. Relações econômicas internacionais. 2. Brasil - Integração econômica. 3. Argentina - Integração econômica. 4. Países do MERCOSUL. 5. Integração regional. 6. Harmonização tributária internacional. 7. Sistemas tributários. I. Título.

689-205-23 CDD : 337.1

Índice para catálogo sistemático:
1. Brasil : Relações internacionais : Política econômica 337.1
2. Argentina : Relações internacionais : Política econômica 337.1

VERMELHO MARINHO

EDITORA VERMELHO MARINHO
Avenida Gilka Machado, 315 – bloco 2 – casa 6
Recreio dos Bandeirantes – CEP: 22795-570
Rio de Janeiro – RJ

Dedico esta obra à memória de meus pais, Milton e Margarida, e a meu filho Milton Neto.

SUMÁRIO

RELAÇÕES ENTRE BRASIL E ARGENTINA

PREFÁCIO

Caro leitor,

É com grande satisfação que apresento o livro "Integração Regional e Harmonização Tributária Internacional - O Contexto das Relações Jurídicas entre Brasil e Argentina", escrito pelo Amigo Moacir José Barreira Danziato.

Nesta obra, Danziato aborda uma questão de extrema relevância para o cenário atual: a integração regional e a harmonização tributária entre países. Com uma análise profunda e minuciosa, o autor explora os fundamentos teóricos da integração regional, sua aplicação nos contextos do Direito e comércio internacionais, além de apresentar um panorama do regionalismo latino-americano.

O processo de integração entre Brasil e Argentina, no âmbito do Mercosul, é também um dos principais temas abordados no livro. Danziato discute a harmonização tributária no bloco, a imposição tributária internacional e tratados internacionais tributários, bem como a construção da harmonização tributária no Mercosul.

O autor ainda se debruça sobre o desenvolvimento teórico do federalismo fiscal e sistemas tributários, apresentando os fundamentos e a evolução do federalismo fiscal argentino e brasileiro. Além disso, o livro traz uma análise dos tributos internos sobre o consumo no Brasil e na Argentina, propondo alternativas instrumentais para a harmonização tributária entre os dois países.

A obra também aborda temas relacionados à integração produtiva, políticas industriais e incentivos fiscais, tratados internacionais e tributação interna no Brasil e na Argentina, construindo os principais pilares para a harmonização tributária.

Por fim, Danziato discute a não discriminação tributária no Mercosul e os ajustes fiscais de fronteira, em um capítulo especialmente dedicado a este tema.

"Integração Regional e Harmonização Tributária Internacional - O Contexto das Relações Jurídicas entre Brasil e Argentina" é uma obra imprescindível para estudiosos do direito e tributação internacional, bem como para profissionais da área. Com uma linguagem clara e objetiva, o autor nos brinda com uma análise abrangente e aprofundada deste tema tão relevante nos dias de hoje.

Parabenizo o Nobre Amigo, Professor Danziato por sua excelente contribuição ao debate sobre a integração regional e a harmonização tributária internacional. Trata-se, para além da contribuição de relevo ao estudo dos temas planteados, de uma coroação de sua trajetória no meio acadêmico e profissional.

Como Auditor Fiscal da Receita Estadual, Danziato empregou de forma magistral sua base de conhecimentos como Economista e Bacharel em Direito, além das formações como Especialista em Comércio Exterior e Mestre em Negócios Internacionais. É autor do Livro ICMS nos Tribunais Superiores e Professor de cursos universitários, especialização e extensão, na áreas de comércio internacional e tributação no comércio exterior.

Por fim, quero dizer de minha alegria e honra em poder prefaciar esta valiosa obra que o Moacir entrega à comunidade de experts em Tributação e Negócios Internacionais. Tive a grata experiência de ter aprendido muito com ele quando fomos contemporâneos na SEFAZ-CE. Não sei se sou merecedor dessa honraria, meu Amigo, mas deixo aqui minha homenagem à sua pessoa e obra.

Boa leitura!

Juracy Soares

AFRE-CE, Doutor em Direito, Coordenador Geral do Fórum das Carreiras Típicas de Estado – FOCATE.

"Deixe as estantes de livros e suas prateleiras serem seus jardins e seu espaço de prazer. Colha as frutas que aí crescem, junte as rosas, as especiarias e a mirra"

— Samuel bem Iehudá ibn Tibon, rabino e médico judeu.

APRESENTAÇÃO

A Integração Regional é um processo de aproximação econômica e política entre países, acentuado a partir da segunda metade do século XX, relativizando o poder do Estado e sua soberania.

O surgimento das Organizações Internacionais e Organizações de nível regional repercutiu de forma profunda nas relações internacionais, a partir deste momento histórico.

Acentuado nos anos de 1950 e estagnado na década de 70, nos anos de 1980 o regionalismo ressurge com força, fincado em acordos internacionais de interesse essencialmente econômico.

Atualmente, o regionalismo adota como um dos seus pilares fundamentais o desenvolvimento do comércio internacional.

Porém, com o Acordo Geral Sobre Tarifas Aduaneiras e Comércio (GATT), estabeleceu-se um sistema de normas e concessões tarifárias, visando incentivar o livre comércio entre os países e combater práticas protecionistas A partir de então, surgiram rodadas de negociação e o nível tarifário perdeu drasticamente seu caráter de obstáculo às trocas internacionais.

A questão é que, se hoje as tarifas aduaneiras não mais constituem obstáculos de relevo, as barreiras técnicas e a diferenciação de tratamento tributário interno dos diversos países, em relação aos produtos e serviços importados, ainda estão entre os maiores desafios à aproximação comercial entre os países que compõem a cadeia comercial internacional.

Nesta obra, optei por promover uma abordagem mais aprofundada da diferenciação de tratamento tributário interno dos países, em relação aos produtos e serviços importados e, na medida do possível, verificar como seria possível, através da harmonização tributária, eliminar ou atenuar os nefastos efeitos da tributação nacional sobre a neutralidade tributária e a concorrência negocial internacional.

Proponho também um olhar sobre o fenômeno da harmonização tributária internacional e das funções e possibilidades jurídicas dos tratados internacionais em matéria tributária, avaliando a repercussão destes aspectos na harmonização tributária dos países do Mercosul e mais especificamente a forma concreta e viável de se iniciar esta complexa harmonização através do comércio bilateral entre Brasil e Argentina, objetivando reduzir a complexidade em suas negociações comerciais.

Consciente de que abordar um tema complexo como a harmonização tributária internacional envolve inúmeros aspectos, creio que as suas expectativas como leitor deste livro podem ser altas. O que posso garantir como autor desta obra é que você terá acesso a uma visão consistente e embasada sobre questões, como integração regional e seus fundamentos teóricos, a importância do surgimento das Organizações Internacionais de nível multilateral e de nível regional, uma visão histórica do desenvolvimento do regionalismo latino-americano e mercosulino, o processo de harmonização tributária, suas variações conceituais e seus graus de aprofundamento, entre tantos outros fatores.

Meu convite à leitura deste livro propõe também um olhar cuidadoso sobre o princípio da não discriminação tributária nas normatizações implementados por Brasil e Argentina por meio da aplicação dos seus denominados "ajustes fiscais de fronteira" ou "controles fiscais de fronteira".

Por fim, apresento uma abordagem minuciosa sobre os federalismos fiscais e os sistemas tributários da Argentina e do Brasil, bem como discorri sobre os tributos internos de ambos os países, incidentes sobre a importação de bens e serviços, aptos a se submeterem a um processo de harmonização tributária. A interação entre as legislações internas de cada país e os tratados internacionais também foi matéria de análise, bem como a apresentação de princípios basilares à implementação da harmonização tributária pretendida.

As críticas e sugestões serão sempre bem-vindas.

Moacir José Barreira Danziato

INTEGRAÇÃO REGIONAL

CAPÍTULO 1

FUNDAMENTOS TEÓRICOS DA INTEGRAÇÃO

"A razão principal para a integração é a busca de ganhos econômicos e, por consequência, uma maior taxa de crescimento do produto"

— Furlan

O processo de integração é um fenômeno essencialmente humano. Sei que esta constatação parece óbvia demais, no entanto devemos considerar alguns fatores essenciais para nossa análise. Por ser um processo humano, ela está determinada, de forma igual ao direito em geral, de maneira dominante, pela conduta humana e não por qualquer outro fator alheio a esta. Isto significa que o ator humano dá à luz sua criação e decide ao mesmo tempo sobre suas formas e características.

Para Heber Arbuet Vignali[1] há dois tipos básicos de integração:

1. **A integração cultural**, que se entende por um ajuste ótimo, com um máximo de coordenação cooperativa e de ausência de tensões, dos elementos de uma cultura e seus grupos humanos;
2. **Integração econômica,** que seria o processo pelo qual a economia de diversos países incrementa sua interconexão e interdependência, de modo a que se possa chegar, segundo os objetivos propostos, a intensificar os acordos comerciais, constituir uma zona de preferências tarifárias ou de livre comércio, fundar uma união aduaneira, um mercado comum ou uma união econômica.

Clausewitz dizia que a guerra é um assunto demasiado grave para deixá-lo em mãos dos militares. Da mesma maneira, em relação à integração, pode-se afirmar que é um assunto demasiado complexo para confiá-lo exclusivamente à apreciação teórica de economistas e políticos; também é um assunto para sociólogos, juristas, historiadores e filósofos.

Em segundo lugar, o espaço onde se desenvolve a integração é o espaço da sociedade humana. Até hoje, a sociedade não chegou a reunir-se em um único espaço social, no que se poderia chamar de sociedade universal. O que ocorre na realidade é a formação de diversos espaços sociais diversificados.

1 VIGNALI, Heber Arbuet. *Claves Jurídicas de la Integración*. Santa Fé: Rubinzal-Culzoni Editores, 2004, p. 180-183

Em terceiro lugar, ressalto esta diversidade que vai atuar o processo de integração, unindo-os, sendo este o seu objetivo final. Como a realidade social mundial se mostra fragmentada, a integração propõe-se exatamente alcançar a regionalização.

Vignali ensina ainda que *"a integração é um processo consciente e voluntário, que se dá a partir da própria natureza do ser humano, que responde a determinantes antropológicas. Os grupos humanos agruparam-se historicamente em centros de poder independentes, com algum tipo de organização interna, a qual resultou a existência de autoridades que não dependiam de outro centro de poder que o subordinasse, ou seja, detinham aquilo que hoje costumamos chamar de independência"*.

A CONVIVÊNCIA, COOPERAÇÃO E INTEGRAÇÃO ENTRE ESTADOS

Por sua vez, Armando Alvarez Júnior[2] teoriza que a convivência entre os Estados pode atingir níveis distintos de coexistência.

> "A primeira delas é a **coexistência**, que implica convivência mínima, sem esforço especial ou colaboração."
>
> "Em segundo lugar, existe a **cooperação**, que implica metas comuns, ações comuns ou coordenadas, sem, entretanto, profundidade suficiente para conceber a formação de entidade jurídico-política com personalidade distinta da dos Estados."
>
> "A última das formas de convivência é a **integração**, que implica a criação de nova entidade, supranacional, para realizar novas ações ou políticas que os Estados não podem realizar ou o fazem de forma insuficiente".

Traçando um paralelo entre integração e cooperação, Tatiana Lacerda Prazeres[3] entende que: "A integração sugere comprometimento de longo prazo, algo não apenas ocasional (o que pode ocorrer com a cooperação), e costuma envolver objetivos comuns mais ambiciosos que os de arranjos cooperativos mais simples e acaba por implicar algum grau

---

2 JÚNIOR. Armando Alvarez. *Conflitos entre Normas do Mercosul e Direito Interno*. São Paulo: LTR, 1997, p. 345.

3 PRAZERES. Tatiana Lacerda. *A OMC e os Blocos Regionais*. São Paulo: Editora Aduaneiras, 2008, p. 231.

de institucionalidade capaz de conferir segurança e estabilidade às relações que se conformam (o que a cooperação mais rasa pode dispensar)".

Verifica-se, portanto, que os primeiros sinais de aproximação mais aprofundada ocorrem no estágio da **cooperação**, estando a **integração** em estágio adiante em relação a esta última, visto que envolve um comprometimento de longo prazo, não ocasional, com objetivos mais ambiciosos e pelo menos alguma aproximação institucional.

Vignali distingue três níveis de integração: de **baixo perfil**, de **média intensidade** e processos de **integração profunda**.

- **Integração de baixo perfil:** ocorre na área econômico-comercial, ainda que com repercussão política.
- **Integração de média intensidade:** o conceito vai além do interesse econômico-comercial, integrando também áreas sócio-culturais, segurança interior e coordenação de política externa.
- **Integração profunda:** é exigida a transferência de competências, jurisdição e poderes de governo (constituintes, normativos, administrativos, jurisdicionais e de controle) à organização comunitária.

Há quem aponte uma contradição entre o processo de globalização e a integração regional.

Na visão de Chesnais, economista frânces, o vigor dos intercâmbios inter-regionais, superior ao dos fluxos entre os polos principais, é, sem dúvida, o fenômeno que mais atraiu a atenção dos comentaristas e que lhes pareceu contraditório, com uma verdadeira mundialização. A formação de conjuntos ou blocos regionais (a chamada regionalização, embora o fenômeno se refira a totalidades continentais) foi apontada, por certos autores, como importante ameaça a tudo que o GATT deveria representar.

Localizando a utilização do termo integração na segunda metade do século XX, Oliveira[4] reconhece a existência de situações integrativas anteriores a este período, na forma de cooperação e associações entre Estados:

4 Oliveira (1999) (*apud* Vita, p. 193)

> "O uso do termo integração a determinados fenômenos de economia internacional é recente e próprio da segunda Metade do século, reconhecendo-se existir antecedentes, tanto de associações como de outros tipos de vínculos de cooperação entre nações, com registros anteriores à segunda Guerra Mundial. Tal terminologia reporta-se a um processo que envolve duas ou mais economias dirigidas a constituir um espaço econômico de maior dimensão internacional."[5]

A autora defende que existem dois tipos de integração: a **internacional** e a **regional**. Esta última emerge no cenário internacional como resultado de acordos políticos entre países vizinhos e geograficamente próximos, objetivando vantagens de comparação. A integração internacional seria de compreensão mais ampla utilizada para expressar as características e tendências da economia capitalista global e suas referências específicas de interdependência e de acirradas disputas entre grandes conglomerados concorrentes, cujos interesses mundializados transcendem limites geográficos e objetivos políticos de seus Estados Nacionais.

Entrando no aspecto da Teoria Política da Integração, Haas, define os principais fatores que levam ao processo de integração[6], sendo eles:

1. **Escola Federalista**: tem como foco da atenção o papel desempenhado pelas instituições. O Estado-Nação deixa de ser o centro gravitacional e esta passa a pertencer ao Estado-Região, que seria o "Governo Central";
2. **Escola Transacionalista**: também denominada por Hass de histórico-descritiva e consiste na ideia de interação social, a qual produz um incremento do volume de negócios, conduzindo ao estabelecimento de instituições supranacionais, alcançando melhores resultados do que a atuação de forma isolada;
3. **Escola Funcionalista:** fundada por David Mitrany, originou-se do período entre guerras e seu foco de abordagem concentra-se na incorporação de novos atores definidos como *low politics* (tecnocratas). Estes atores são instituições especializadas em temas econômicos ou em outros de natureza técnica;

5 OLIVEIRA, 1999, p. 33-34

6 HASS, Ernst. The study of Regional Integration: reflections on the joy and anguish of pretheorizing. International Organization, v. 24, n.4, Autumn 1970, p. 604-646.

4. **Teoria Neofuncionalista:** O próprio Haas desenvolve a base da teoria neofuncionalista, propondo que a integração passe a ser universalmente aceita pela comunidade científica e defende a politização dos atores técnicos.

Haas desenvolve então o conceito de *spill over*:

1. **A institucionalidade** consiste na existência de órgãos supranacionais que seriam instrumentos para construção e consolidação de interesses comuns, igualmente para instituições intergovernamentais com poder decisório;
2. **A funcionalidade** consiste na criação de uma cultura de interesses comuns, diminuindo gradativamente as tarefas autônomas, por meio de resoluções que impliquem métodos destinados a promover uma integração mais rápida e profunda (maximização do *spill-over*)
3. **A ambientação** refere-se à integração dos espaços de maneira homogênea, evitando privilegiar setores sociais ou regiões.

A busca de mecanismos para solucionar conflitos de interesses entre Estados implica na **aproximação**, na **interação** e no **adensamento** das relações entre os povos por meio das comunicações e dos meios de transporte; também evidencia a necessidade de coordenar esforços e recursos para "administrar" o sentimento de vulnerabilidade e insegurança frente ao sistema internacional.

Ainda conforme assegura Hass, estudos de ciência política constataram que uma maior institucionalização é necessária para a construção e consolidação de interesses comuns entre o grupo de países integrados e para a criação de uma cultura organizacional que leve à integração profunda.

Já discorrendo sobre a teoria pura da Integração Econômica, Furlan[7] defende que existe uma razão fundamental para a integração, preconizando: "*A razão principal para a integração é a busca de ganhos econômicos e, por consequência, uma maior taxa de crescimento do produto. A partir desse pressuposto principal, a teoria defende a ideia de*

7 FURLAN, 2004, p. 164.

que o comércio internacional gera um aumento expressivo do bem-estar dos indivíduos, produzindo, dessa forma, o desenvolvimento econômico. Esse era o pensamento clássico reinante na década de 50."

A **teoria da Integração** foi fortemente influenciada pela experiência europeia em seu processo integrativo. Antes mesmo do início deste processo, surgem as chamadas teses funcionalistas. Nesta linha de estudo, destaco o conceito de David Mitrany, que em 1946 publicou sua obra: *A Working Peace System*, dando ênfase à cooperação na busca por soluções para necessidades específicas, constituindo base para a formação de uma rede cooperativa, o que, por sua vez, conduziria à formação e ao fortalecimento de regimes e instituições internacionais. Na realidade, os funcionalistas buscavam soluções cooperadas para problemas econômicos e sociais comuns, o que eliminaria as causas materiais da guerra e promoveria o estabelecimento de padrões crescentes de interação social entre fronteiras nacionais.

Quanto à teoria econômica da integração obrigatória, destaco os estudos de Bela Balassa, em que enfatiza a existência de diferentes graus de integração[8].

Segundo Balassa, podem ser destacados os seguintes os graus de integração econômica:

1. **Zona de Livre Comércio**: as tarifas e restrições quantitativas entre os produtos dos países participantes são abolidas, mas cada país mantém suas próprias tarifas frente aqueles que não participam da área;
2. **União aduaneira**: implica liberalização comercial intrazona, equiparação do tratamento tarifário a países que não fazem parte do bloco, construindo uma tarifa externa comum;
3. **Mercado Comum**: avança em relação à união aduaneira e libera a movimentação de fatores de produção como capital e trabalho;
4. **União Econômica**: além das características do mercado comum, acrescenta certo grau de harmonização das políticas econômicas nacionais;

8 BALASSA. Bela. *Teoria da Integração Econômica*. Lisboa: Livraria Clássica, 1961. (Apud PRAZERES, Tatiana Lacerda. A OMC e os Blocos Regionais. São Paulo: Ed. Aduaneiras, 2008, p. 134 e 135).

5. **Integração Econômica Total**: unifica-se as políticas monetária, fiscal e social, estabelecendo uma autoridade supranacional, cujas decisões são obrigatórias para os Estados;

6. **Zona de Preferências Tarifárias:** Ao longo do tempo, a classificação de Balassa sofre alterações como a que sugere a existência de um estágio inicial do processo de integração, antes da Zona de Livre Comércio, denominada de Zona de Preferências Tarifárias, em que elimina-se as barreiras ao comércio para alguns produtos, não todos, como ocorre na Zona de Livre Comércio.

Esta classificação mereceu definições equiparadas das diversas etapas de integração, estabelecendo a seguinte definição de zona de livre comércio como um acordo entre dois ou mais Estados, os quais se propõem a eliminar, em todo ou em parte, os gravames (pesados encargos financeiros) e as restrições de toda ordem que incidam sobre a importação de produtos originários de qualquer das partes contratantes, mantendo, porém, cada país, sua própria política comercial e suas tarifas aduaneiras frente a terceiros países.

Para Faria[9], uma união aduaneira ficaria constatada quando: "Os Estados-membros acordam não apenas instituir o livre comércio entre si, mas além disso, passam a aplicar uma pauta aduaneira e uma política comercial comum, o que significa o comércio intra-regional, na medida em que deixa de ser necessária a verificação constante da origem dos produtos. A União aduaneira representa um grau mais intenso de integração econômica do que a Zona de Livre Comércio, porque os Estados participantes somente se obrigam a não impor barreiras à entrada de mercadorias provenientes dos demais membros da união, mas também perdem a faculdade de condução de sua política comercial para com terceiros países, enquanto permanecerem na união".

No caso do mercado comum, avança-se no processo de integração, assim definida por Balthazar[10], doutor em direito, além de professor e escritor: "*Uma entidade econômica funcionando como um mercado nacional que se caracteriza por uma livre circulação de mercadorias, de*

9 FARIA, José Angelo Estrela. *O Mercosul: princípio, finalidade e alcance do Tratado de Assunção. Brasília*: Ministério das Relações Exteriores do Brasil, 1993, p. 38-40.

10 BALTHAZAR, Ubaldo Cesar. *Análise dos conceitos de bases preliminares à ideia de um mercado comum no cone sul*. Revista Sequência. Florianópolis, ano 15, n. 29, dez. 1994, p. 7-22.

pessoas, de serviços e de capitais, (é o que se denomina as quatro liberdades) e que assegura aos operadores econômicos a possibilidade de agir em clima de concorrência que não seja alterado nem pelo comportamento de empresas, nem por efeito de medidas tomadas pelo poder público. Para esta integração, os Estados membros são chamados a perder uma parte importante de facilidades alfandegárias, monetárias e fiscais que lhes permitam, até então, liberdade de agir no comércio entre si, e com terceiros países".

Na última e mais profunda fase de integração, é recomendado que ocorra a existência da União Econômica e Monetária, que avança em relação ao mercado comum, adotando a moeda única, um sistema monetário comum e implementação de políticas interna e externa também comuns. Como exemplo deste nível de integração posso citar o da União Europeia, adotado após o Tratado de Maastricht, de 1992, prevendo a União econômica e Monetária a partir de 01/01/1999.

Após a adoção da moeda única, os Estados perdem, entre outras atribuições, o controle sobre a quantidade de dinheiro em circulação, a capacidade de estabelecer tipos de encargos financeiros e a possibilidade de estabelecer desvalorizações e valorizações, pois perdem o controle do câmbio como instrumento de controle macroeconômico.

Retornando ao pensamento de Vignali, em busca de ampliar e reafirmar o já dito, ele define três tipos de integração, em que: o primeiro seria a de baixa intensidade, pouco a mais do que a cooperação interestatal, possuindo um sistema orgânico pouco definido e cujo objetivo seria aperfeiçoar e incrementar o comércio, e melhorar o desenvolvimento. Na integração de média intensidade, existiria estrutura orgânica mais definida, com áreas de atuação comum, sendo os entes dotados de competência própria. Na interação profunda ou comunitária, são transferidos poderes para entes regularem e administrarem áreas de competência comunitária. Estes órgãos comunitários possuem o requisito da supranacionalidade. Neste estágio, a soberania é limitada, mas não perdida totalmente.

Grande influência na literatura sobre os impactos econômicos dos acordos de integração detecta-se na obra de Viner[11]. Ele inova ao sugerir, além da eliminação das barreiras ao comércio dentro dos blocos, a instituição de uma tarifa comum para produtos que sejam originários de terceiros países. Sua teoria baseia-se na criação e no desvio de comércio.

11 VINER, Jacob. *The Customs Union Issue*. New York: Carnegie Endowment for International Peace, 1950.(apud PRAZERES. Tatiana Lacerda. A OMC e os Blocos Regionais. São Paulo: Ed. Aduaneiras, 2008, P.137).

No primeiro caso, o fluxo comercial se estabelece a partir de um produtor mais eficiente, às custas de outro menos eficiente. No segundo caso, ao contrário, há a substituição de uma fonte produtora mais eficiente por uma menos eficiente. No primeiro caso haveria aumento do bem-estar dos países que fazem parte do bloco e, no segundo, ocorreria prejuízo. Assim, o efeito geral para o bloco dependeria do resultado líquido da criação de comércio, ou seja, a diferença entre 'criação' e 'desvio'.

Em uma situação em que o país mais eficiente para determinado fluxo comercial está dentro do bloco, não haveria desvio de comércio, pois este supriria os demais países com custos mais baixos. Este fenômeno não aconteceria para todos os bens, ou seja, sempre haveria desvio de comércio se um país do bloco comprar de um parceiro regional ao invés de comprar de produtor mais eficiente sediado em país que esteja fora do bloco, impedido de acessar o mercado interno do bloco por conta de barreiras tarifárias.

Importante abordagem crítica da obra de Viner foi realizada por Meade[12]. Para ele, os efeitos dinâmicos dos acordos preferenciais são também relevantes, não somente os estáticos (criação e desvio de comércio), como apresentado por Viner. Estes efeitos dinâmicos seriam decorrentes do aumento da competição, motivado por economias de escala, estímulo ao investimento e ao emprego mais eficiente de recursos produtivos. Estes efeitos dinâmicos seriam então muito maiores que o resultado líquido do comércio, ainda que se considere a conclusão de que os acordos multilaterais são a melhor opção em relação aos acordos regionais de comércio.

Atualmente, os processos de integração tomaram rumos novos e diferentes. São mantidos os instrumentos de política internacional para aumentar o poder de decisão dos Estados, dar mais segurança e bem-estar a suas populações, mas a forma de concretizar estes desideratos são outras. Agora os fatos não permitem, o direito proíbe e a consciência ética e jurídica da humanidade afirma que não se pode usar a força nem desconhecer-se a autodeterminação dos povos, nem violar-se os direitos humanos fundamentais. O jogo "integração-dispersão" transfere-se do campo político militar para o campo político econômico. Esta realidade tem mudado drasticamente em anos recentes, já que o uso da força e o desrespeito à soberania e aos direitos humanos fundamentais têm se tornado constantes nas relações internacionais.

---

12 MEADE, James. *The Theory of Customs Union*. Amsterdam. North-Holland Publishing, 1968, P. 34.

Por fim, devemos ter em mente que, nos processos de integração os Estados transferem, de forma comum, certas competências e jurisdições e outros poderes de governo, mas podem retomá-los quando desejarem. O que se efetiva nos processos de integração é defender e melhorar as relações e os interesses comuns, mantendo-se incólume o atributo da soberania para que não se perca o perfil nacional, defenda-se a individualidade, as convicções, as formas de governo, os estilos de vida e tudo o mais que não se quer nem seja necessário compartir.

A intergovernabilidade pode não ser útil à integração considerando que limita a efetividade das decisões.

Marco Bruno Clementino[13] apresenta este entendimento ao fazer um paralelo entre regionalismo e relações condominiais: "Para a integração regional, a intergovernabilidade é um mecanismo disfuncional. Num paralelo com as relações condominiais, também caracterizado pelo interesse comum, é como se as deliberações da assembleia geral de um condomínio horizontal, para serem cumpridas por um condômino, tivessem que ser submetidas a um novo processo decisório dentro de sua unidade autônoma. Se no condomínio o individualismo é mitigado diante da primazia de um interesse coletivo, fenômeno semelhante ocorre no âmbito da integração regional, coma relativização da soberania individual do Estado".

Portanto, a convivência, a cooperação e a integração entre Estados devem ser pensadas, avaliadas e contextualizadas, para que respondam a cada tempo e a cada necessidade que se apresenta, com vistas a manter as boas relações entre Estados, regiões, sociedade e povos.

DIREITO DA INTEGRAÇÃO E DIREITO COMUNITÁRIO

O processo histórico que remonta já há alguns séculos, em que Europa e posteriormente os Estados Unidos assumem e consolidam sua posição hegemônica, na condição de centros econômicos, políticos e ideológicos mundiais, determina que América, África e Ásia se tornem parte deste mundo, na condição de periferias colonizadas.

---

13 CLEMENTINO, Marco Bruno Miranda. *Harmonização Tributária, Integração Regional e Constituição*. Porto Alegre: Sergio Antonio Fabris Editor, 2009

O Sistema-Mundo, preconizado por Wallerstein[14] é uma estratificação econômica e política, baseada em centralidades e periferias, ou seja, em soberanias e no sistema de colonização. Estas circunstâncias contrapõem os processos de integração regional verificados na Europa e na América do Sul.

BRASIL & ARGENTINA: ***A integração sul-americana seria então uma mera reformulação do Sistema-Mundo, com objetivos simplesmente anti-sistêmicos, voltados para reafirmação da independência política e autossuficiência econômica regional, priorizando problemas específicos, gerados exatamente em função de sua condição de subordinação à lógica sistêmica dos Estados centrais.***

A integração europeia inicia-se após a segunda guerra mundial, quando as Comunidades Europeias surgem, sendo formadas entre Estados que procuravam consolidar, pelo menos entre si, a paz definitiva, com objetivos de recuperar, a médio prazo, a hegemonia econômica perdida, bem como as fronteiras físicas e ideológicas do império soviético. Consolidado o poderio econômico, estaria recuperada e garantida a hegemonia no sistema mundial de mercados.

O direito comunitário tem como exemplo realístico mais importante a integração europeia e sua característica principal é a composição de uma ordem supranacional de incidência imediata no ordenamento jurídico dos Estados integrantes da comunidade. O ordenamento jurídico é, portanto, primário, não se aplicando o princípio da recepção. A validade da norma jurídica comunitária está calcada no princípio da subsidiariedade. Não dependendo de procedimento parlamentar internos dos países para a sua validade, a norma comunitária já nasce

---

14 WALLERSTEIN. Immanuel. *Utopística ou as decisões históricas do século XXI*. Petrópolis: Ed. Vozes, 2003, p. 8-10.

com força normativa ampla, não necessitando de aprovação dos parlamentos nacionais para que tenham plena vigência, como bem define Furlan[15]: "*O direito da integração é, assim, uma espécie embrionária do direito comunitário. No primeiro existem regras jurídicas, necessariamente derivadas de tratados internacionais que, após aprovação parlamentar e consequente incorporação, passam a constituir um conjunto normativo reciprocamente aplicável às partes signatárias, com traços de afinidade em razão de inspiração normativa comum. O segundo, de outra parte, tem como principal característica a subsidiariedade, ou aplicação subsidiária*".

Carneiro[16] apresenta um contraponto à necessidade de uma diferenciação entre direito da integração e direito comunitário, porque a natureza de suas normas seria a mesma e seus objetos seriam idênticos. Nesta linha de raciocínio, os dois ramos seriam elaborados a partir de tratados internacionais, contendo o segundo também resoluções originadas de organismos de integração, a que se denomina "direito comunitário derivado".

A diferenciação básica entre mecanismos de integração como o Mercosul e a União Europeia seria no tocante à estrutura institucional de seus órgãos de integração e aos procedimentos de vigência do direito comunitário, devendo-se considerar que a supranacionalidade do direito da integração estaria presente em ambos os blocos.

A União Europeia e a Comunidade Andina, por exemplo, estabelecem que as decisões comunitárias, quando adotadas pelos órgãos de integração, são incorporadas automaticamente ao direito interno, o que dispensa a necessidade de qualquer ato unilateral por parte do Estado-Membro, bastando que a normativa seja publicada no órgão oficial da comunidade e que transcorra um período predeterminado desde sua publicação até entrar em vigor (*vacatio legis*).

Já o Mercosul demanda a edição de ato normativo interno como condição para a vigência da norma no plano comunitário e estatal. Diante desse mecanismo, específico com Mercosul, alguns autores, de forma equivocada, não consideram o direito mercosulino como direito comunitário, confundindo o mecanismo de incorporação com a própria natureza da Comunidade de Estados. Para esses autores, a União Europeia

---

15 FURLAN, Fernando de Magalhães. *Integração & Soberania, O Brasil e o Mercosul*. São Paulo: Ed. Aduaneiras, 2004, p. 164.

16 CARNEIRO, Cynthia Soares. *O Direito da Integração Regional*. Belo Horizonte: Editora Del Rey, 2007, p. 9-14

e a Comunidade Andina seriam reguladas por um direito comunitário, enquanto o Mercosul por um direito de integração. Porém, eu ressalto que esses aspectos dizem respeito apenas a estrutura institucional dos órgãos de integração, bem como procedimento de vigência do direito comunitário, considerando que a supranacionalidade do direito da integração é inerente a todos esses blocos.

Para continuarmos nosso itinerário, partimos agora, no segundo capítulo, para uma viagem a respeito das relações entre direito interno e direito internacional.

CAPÍTULO 2

INTEGRAÇÃO REGIONAL NOS CONTEXTOS DO DIREITO E COMÉRCIO INTERNACIONAIS

> *"A Constituição é a lei suprema do país; contra a sua letra ou espírito, não prevalecem resoluções dos poderes federais, constituições, decretos ou sentenças federais, nem tratados, ou quaisquer atos diplomáticos"*
>
> — Carlos Maximiliano

Historicamente, o direito internacional tem como fundamento principal a afirmação da soberania externa e a articulação harmônica entre entidades soberanas. Ferrajoli[17] destaca que o teólogo espanhol Francisco de Vitória, no século XVI, já defendia a existência de uma ordem mundial, composta por Estados livres e independentes, portadores de direito naturais, porém subordinados ao direito das gentes, o qual respeita e observa as leis que regem a convivência entre povos de diferentes nações e culturas. Essa tese rompia com as concepções medievais de domínio do imperador e do papa.

Excluindo as discussões teóricas sobre o instituto da soberania, é necessário definir a posição do Estado diante do direito internacional. O jurista austríaco Franz Von Liszt defendeu a tese de que o direito internacional consiste em instrumento de limitação da soberania. Para ele:

> No exercício de sua autodeterminação soberana, o Estado pode decidir politicamente pela autolimitação da soberania. Nem por isso, o conceito de soberania deixa de existir, já que essa autolimitação decorre de um interesse soberano do próprio Estado. (LISZT,1929, p. 173).

Na visão de Liszt, o direito internacional pressupõe uma relação com certas restrições nos processos de comunicação entre as instâncias externa e interna, para que o Estado exerça soberanamente o poder de autolimitação. Para ponderar esta relação comunicativa, que foi objeto de intermináveis controvérsias doutrinárias, em que se debateu sobre a existência ou não de duas ou mais ordens jurídicas e também sobre a questão da hierarquia entre as normas de direito interno e direito internacional, surgem duas correntes principais: a teoria **monista** e a **dualista**.

17 FERRAJOLI, Luigi. *A soberania no mundo moderno*. São Paulo: Martins Fontes, 2002, p. 142.

MONISMO E DUALISMO

O **dualismo** surge no final do século XIX, mais precisamente em 1899, na obra de Heinrich Triepel, denominada "*Volkerrecht und Landersrecht*", mais tarde complementada por Dionisio Anzilotti, em seu livro "*Cour de Droit International*", de 1929. Para esta teoria, as ordens jurídicas interna e internacional eram completamente distintas, partindo do pressuposto de que uma norma internacional não teria qualquer repercussão no direito interno e vice-versa. Para ser válida internamente, a norma internacional necessitaria passar para um formato legislativo interno.

Em suma, para os dualistas, existem dois ordenamentos jurídicos completamente distintos, oriundos de fontes e com destinatários diversos. Os sistemas interno e internacional de normas não se comunicam e se ignoram, exceto na hipótese de a norma internacional ser recepcionada pelo ordenamento jurídico nacional, através de lei ou ato equivalente. Críticas são desferidas a esta linha de pensamento no que permeia à questão da integração regional, como defende Thiago Carvalho Borges:

> O Dualismo não consegue explicar o fenômeno comunitário, em que uma norma adotada por uma Comunidade de Estados, como a União Europeia, tem aplicabilidade direta e imediata no âmbito dos Estados-membros, sem necessidade de qualquer tipo de transposição. (BORGES, 2011, p. 97-99).

No caso do **monismo**, tese defendida pelo jurista e filósofo austríaco Hans Kelsen, existiria uma normatividade única, entendendo-se que os ordenamentos jurídicos interno e internacional seriam complementares. Neste caso, haveria um único ordenamento jurídico internacional, dentro do qual se incluiriam também os nacionais, considerados sistemas normativos parciais.

Kelsen argumentava que as convenções internacionais e os costumes teriam vigência imediata nos ordenamentos jurídicos internos, sem necessidade de qualquer ato formal receptivo. O pensamento monista era também caracterizado pela ideia de que, mesmo que fosse exigido um ato de internalização da norma internacional, as ordens jurídicas teriam a mesma realidade normativa, apenas com particularidades em sua elaboração. Duas vertentes ainda subsistiriam a este pensamento:

a) A prevalência do Direito Interno sobre o Direito Internacional; b) A prevalência do Direito Internacional sobre o Direito Interno. Isto posto, em caso de conflito entre uma e outra norma, é preciso dar prevalência a uma ou outra.

As críticas de Borges não se limitam apenas ao dualismo, mas também consideram que o monismo é inaplicável em algumas situações como quando:

> As Constituições dos Estados não participantes de Comunidades resguardam a soberania como princípio fundamental e só aceitam, em geral, que as decisões de suas jurisdições se baseiem em normas internamente reconhecidas". (BORGES, 2011, p. 97-99).

Conforme Clementino afirma no seu livro *Harmonização Tributária, Integração Regional e Constituição*, a celebração de um tratado, nos termos da Convenção de Viena sobre Direito dos Tratados, de 1.969, com as figuras da ratificação, aceitação e aprovação, proclama-se a indiretamente a vitória da concepção dualista.

Cabe ainda ressaltar que, na discussão referente ao conflito entre norma interna e norma internacional, em termos de direito positivado, a Convenção de Viena sobre Direito dos Tratados, de 1969, defendeu a primazia do Direito Internacional sobre o interno, em seu art. 27, ao dispor que "*uma parte não pode invocar as disposições de seu direito interno para justificar o inadimplemento de um tratado*". Há exemplos de Constituições estabelecendo a prevalência do Direito Internacional sobre o Direito Interno, como são os casos de França[18], Espanha[19], Portugal[20] e Alemanha[21].

No caso das Constituições francesa, espanhola e alemã, elas estabelecem que, na hipótese de conflito entre o Direito Internacional e as normas constitucionais, o tratado somente será aprovado após prévia revisão constitucional.

---

18 Artigo 55 da Constituição Francesa, disponível em: <HTTP://www.assemblee-nationale.fr>

19 Artigo 96, inciso I da Constituição Espanhola, disponível em: <HTTP://www.congreso.es.>.

20 Artigo 8º, itens 1 e 2 da Constituição Portuguesa, disponível em <HTTP://www.parlamento.pt.>.

21 Artigo 25 da Constituição Alemã, disponível em: <HTTP://www.std.saij.jus.gov.ar>.

& BRASIL & ARGENTINA: *No direito brasileiro, prevalece a superioridade hierárquica das normas constitucionais em relação às normas oriundas do Direito Internacional. Carlos Maximiliano é enfático ao afirmar: "A Constituição é a lei suprema do país; contra a sua letra ou espírito, não prevalecem resoluções dos poderes federais, constituições, decretos ou sentenças federais, nem tratados, ou quaisquer atos diplomáticos" e Oscar Tenório segue este entendimento, sugerindo inclusive a ineficácia de tratados que sejam incompatíveis com uma ordem constitucional posterior.*

A orientação brasileira assenta nos postulados de nossa organização, a ponto de não comportar qualquer exceção ou transigência. A decretação da inconstitucionalidade dos tratados pelo Supremo Tribunal Federal não se limita aos elementos de validade, como a ratificação e a promulgação, mas se estende ao confronto entre a letra do tratado e a letra da Constituição. Uma nova Constituição cria uma nova ordem jurídica. Subsistem apenas as normas pretéritas não incompatíveis com ela. Assim, os tratados anteriores a ela perdem sua eficácia desde que contrários à Constituição.[22]

22 TENÓRIO, 1976, p. 96-97.

***BRASIL & ARGENTINA:** Na Argentina, desde a reforma constitucional de 1994, os tratados têm hierarquia superior às leis, porém submetendo-se à Constituição, conforme explica Ocampo[23]: "Quando a lei n° 24.309 iniciou o processo que culminou com a reforma de 1994 da Constituição nacional, proibiu expressamente mudanças na parte dogmática da Constituição (art. 7º), o que permitiu aos constituintes de 1994 conceder aos tratados valor superior ao das leis, mas não outorgar-lhes valor superior à Constituição, já que isso implicaria vulnerar os arts. 31 (hierarquia superior da Constituição sobre leis e tratados) e 27 (os tratados devem estar de acordo com os princípios de direito público nela estabelecidos) da Constituição nacional, ambos pertencentes a essa parte dogmática que o reformador não podia modificar".*

Atualmente, o contraste teórico entre monistas e dualistas perdeu espaço nas discussões doutrinárias, como manifestou-se Accioly[24] ainda nos anos 50 do século passado, afirmando que as obrigações positivas se dirigem em geral aos Estados, e são estes que as devem observar em sua ordem interna, e por isso a divergência entre monistas e dualistas, ou pluralistas, perdeu muito de sua acuidade e o que se fala é de um trabalho de aproximação entre estes e aqueles.

23 OCAMPO, 2009 p. 70-71.

24 ACCIOLY. Hildebrando. *Tratado de direito internacional público*. Rio de Janeiro: Ministério das Relações Exteriores, 1956, p. 32.

A normatização e a atual estrutura institucional do comércio internacional têm sua origem histórica no acordo GATT, de 1947, no qual as partes contratantes originárias do Acordo Geral sobre Comércio e Tarifas foram: Austrália, Bélgica, Brasil, Burma, Canadá, Ceilão (atualmente Sri-Lanka), Chile, Cuba, Checoslováquia (atualmente República Theca), França, Índia, Líbano, Luxemburgo, Holanda, Nova Zelândia, Noruega, Paquistão, Rodésia do Sul, Síria, África do Sul, Grã-Bretanha e Estados Unidos da América.

> São os seguintes os dispositivos referentes ao artigo XXIV do GATT:
>
> §4º. As partes contratantes reconhecem que é recomendável aumentar a liberdade do comércio, desenvolvendo, através de acordos de livremente concluídos, uma integração mais estreita das economias dos países participantes de tais acordos. Reconhecem, igualmente que o estabelecimento de uma união aduaneira ou de uma zona de livre comércio deve ter por finalidade facilitar o comércio entre territórios constitutivos e não opor obstáculos ao comércio de outras Partes Contratantes com esses territórios.
>
> §8º, inciso 'a'. Entende-se por união aduaneira a substituição de dois ou mais territórios aduaneiros, por um único território aduaneiro, no caso de esta substituição ter por consequência: 1º) que os direitos alfandegários e outras regulamentações comerciais restritivas sejam eliminados no essencial das trocas comerciais entre os territórios constitutivos da união, ou elo menos no essencial das trocas comerciais relativas a produtos originários de tais territórios. 2º) que os direitos alfandegários e outras regulamentações aplicadas por cada membro da união ao comércio com os territórios que não estejam compreendidos na mesma, sejam idênticos em substância.
>
> § 8º, inciso 'b'. Entende-se por zona de livre comércio, um grupo de dois ou mais territórios aduaneiros entre os quais os direitos alfandegários e outras regulamentações comerciais restritivas são eliminados no essencial das trocas comerciais relativas a produtos originários dos territórios constitutivos da zona de livre comércio.

Em termos normativos, a integração regional é recomendada por ele (GATT), em seu artigo XXIV, bem como nele são traçados os contornos do que seriam a zona de livre comércio e a união aduaneira.

Tal tratado internacional contém os fundamentos do sistema multilateral de comércio, atualmente previstos no GATT/1994, acordo obtido na conclusão da Rodada Uruguai de negociações comerciais multilaterais, que iniciou-se em 1986 e terminou em 1994. Seus princípios reguladores do comércio internacional são:

1. Princípio da Não Discriminação: o qual objetiva impedir a efetivação de tratamento mais favorável aplicado a somente um país;
2. Princípio do Tratamento Nacional: Equiparação do tratamento tributário interno em relação a produtos nacionais e estrangeiros;
3. Princípio da Reciprocidade: previsto no Preâmbulo do tratado, refere-se a aplicação de tratamento mútuo equivalente.

Dentre os principais objetivos do acordo constavam a eliminação das barreiras tarifárias e não tarifárias ao comércio internacional. No tocante ao regionalismo, o acordo não proíbe a formação de uniões aduaneiras ou zonas de livre comércio, sem que com isso se ofenda o princípio da não discriminação, instituído no artigo XXIV, §7º do Acordo.

> Assim dispõe o artigo XXIV, & 7º do Acordo GATT: a) toda Parte Contratante que resolva participar de uma união aduaneira ou de uma zona de livre comércio o de um acordo provisório, concluído para o estabelecimento de tal união ou de tal zona, comunicará, sem demora às PARTES CONTRATANTES, e lhes fornecerá, a respeito dessa união ou dessa zona, todas as informações que lhe permita dirigir às Partes Contratantes os relatórios e recomendações que julguem apropriados. b) Se após haver estudado o plano e o programa compreendido num acordo provisório a que se refere o & 5º, em consulta com as partes de tal acordo, e tendo devidamente em conta as informações colocadas a sua disposição, de conformidade com o disposto no item a) deste parágrafo, as PARTES

CONTRATANTES chegarem à conclusão de que o acordo não oferece possibilidades de resultar no estabelecimento de uma união aduaneira ou de uma zona de livre comércio no prazo previsto pelas partes do acordo, ou considerarem que o prazo não é razoável, as PARTES CONTRATANTES formularão as suas recomendações. c) qualquer modificação substancial do plano ou do programa a que se refere o item c) do & 5º, deverá ser comunicada às PARTES CONTRATANTES, que poderão solicitar às Partes Contratantes interessadas que iniciem consultas com aquelas, se a modificação parecer vir a comprometer ou atrasar indevidamente o estabelecimento da união aduaneira ou da zona de livre comércio.

Além do mais, o acordo instituiu tratamento diferenciado para partes contratantes menos desenvolvidas (circunstância relevante para processos de integração de países como os do Mercosul), com direito a uma suavização da regra da reciprocidade, conforme previsão da Parte IV do Acordo, introduzida em 26 de novembro de 1964, com a denominação de comércio e desenvolvimento. No art. 38, & 8º, as partes contratantes desenvolvidas não esperam reciprocidade pelos compromissos assumidos por elas nas negociações, visando reduzir ou eliminar os direitos alfandegários e outros obstáculos ao comércio das partes contratantes menos desenvolvidas.

A realidade atual é que o comércio internacional se realiza em ampla escala através de acordos regionais de comércio e estes são bem mais antigos historicamente do que as primeiras tentativas de estabelecimento de um sistema multilateral de comércio. O acordo GATT veio para instituir como requisito de compatibilidade desses acordos (também chamados de arranjos preferenciais) com as regras gerais de comércio multilateral, a necessidade de que o bloco regional elimine barreiras sobre uma parcela substancial do comércio entre seus parceiros.

Esta tentativa de resolver possíveis conflitos entre o objetivo do livre comércio e a permissão de existência de arranjos preferenciais, largamente utilizados a partir das décadas de 1980 e 1990[25], transformou-se na construção do artigo XXIV do GATT. O texto do dispositivo em questão apresenta-se confuso, prevendo que uniões aduaneiras e áreas

25 Pomfret (1997) indica a existência de quatro uniões aduaneiras de relevância contestável na época, além da parceria entre Bélgica e Luxemburgo: França-Mônaco, Itália-San Marino, Suíça-Lichtenstein e a união aduaneira africana entre colônias belgas e britânicas.

de livre comércio (assim como acordos temporários que objetivem uma ou outra situação) sejam permitidas no âmbito do sistema multilateral de comércio, desde que:

a. As barreiras comerciais impostas a terceiros países não sejam maiores que aquelas anteriormente adotadas;

b. As barreiras comerciais sejam eliminadas em relação a substancialmente todo o comércio entre os membros do bloco;

c. Acordos temporários visando a uma união aduaneira ou a uma zona de livre comércio durem apenas por um período razoável até que esses objetivos sejam atingidos.

No final da Rodada Uruguai, foi adotado o "Entendimento sobre o Artigo XXIV", contendo os seguintes esclarecimentos sobre tal dispositivo:

a. Define diretrizes para o cálculo do nível de barreiras antes e depois da formação da união aduaneira (o que é de importância fundamental para avaliar se o bloco criou obstáculos a terceiros países);

b. Esclarece as obrigações de os membros do bloco compensarem terceiros países em caso de aumento das barreiras em razão da formação do arranjo regional;

c. Define que o período de um ínterim *agrément*, *acordo provisório*, normalmente não deve ser superior a dez anos;

d. Assegura que os dispositivos sobre solução de controvérsias possam ser acionados para se contestar qualquer questão que decorra da aplicação das regras do regime multilateral a respeito de blocos regionais.

Portanto, o artigo XXIV do GATT-1994 resulta no fundamento jurídico básico dos acordos regionais no regime de comércio multilateral.

Este dispositivo, GATT, contém um princípio fundamental no sistema multilateral de comércio que é a não discriminação.

Este princípio, por si, compreende a chamada cláusula da nação mais favorecida, registrada no artigo I do GATT-1994, segundo a qual uma vantagem concedida a um parceiro do regime deve imediatamente estender-se aos demais. Neste sentido, deve-se ter em conta que os acordos regionais concedem vantagens a um grupo definido e restrito de participantes do bloco, colocando-se, portanto, em choque com a regra da nação mais favorecida.

Os Parágrafos 5 e 8 constituem a essência do artigo XXIV, como defende Prazeres[26]. O primeiro estabelece a regra de que as disposições do acordo não devem obstar a formação de uma união aduaneira ou uma área de livre comércio, ou a adoção de acordo provisório necessário para a formação desses arranjos, desde que:

a. Com relação a uma união aduaneira (ou a um acordo provisório com este fim), as tarifas e outras regulações de comércio impostas por ocasião da formação da união aduaneira (ou do arranjo provisório) não sejam no conjunto maiores ou mais restritivas para terceiros países que a incidência geral de tarifas e regulações de comércio aplicáveis pelos Países-Membros desse agrupamento regional antes de sua formação (ou da adoção do acordo provisório);

b. Com relação a uma área de livre comércio (ou a um acordo temporário visando a esse fim), as tarifas ou outras regulações de comércio adotadas em cada país por ocasião da formação do bloco não sejam maiores ou mais restritivas para terceiros Estados-Membros que as tarifas e outras regulações de comércio existentes nesses países antes da adoção da área de livre comércio (ou do acordo provisório).

---

26 PRAZERES. Tatiana Lacerda. *A OMC e os Blocos Regionais*. São Paulo: Editora Aduaneiras, 2008, p. 231.

Por este dispositivo, entende-se que os países signatários do acordo podem formar uniões aduaneiras e zonas de livre comércio, não permitindo que esses arranjos prejudiquem o acesso de terceiros países ao mercado interno dos países que venham a formar o bloco. O parágrafo 8 estabelece que:

a. Uma união aduaneira deve ser entendida como a substituição de um território aduaneiro por dois ou mais territórios aduaneiros, de modo que:

i) Tarifas e outras regulações restritivas ao comércio (exceto, quando necessário, as previstas pelos artigos XI, XII, XIII, XIV, XV, XX) sejam eliminadas a respeito de substancialmente todo o comércio entre os membros da união aduaneira ou pelo menos a respeito de substancialmente todo o comércio de produtos originados nesses territórios; e

ii) Substancialmente todas as tarifas e outras regulações de comércio sejam aplicadas por cada membro da união aduaneira em relação aos países que não façam parte dela;

b. Uma área de livre comércio deve ser entendida como um grupo de dois ou mais territórios aduaneiros em que as tarifas e outras regulações restritivas de comércio (exceto, quando necessário, as previstas pelos artigos XI, XII, XIII, XIV, XV e XX) sejam eliminadas em relação a substancialmente todo o comércio entre os membros a respeito dos produtos neles originados.

Resumidamente, este dispositivo determina que os blocos devem eliminar substancialmente as restrições ao comércio regional (fundamento da área de livre comércio). Por outro lado, do ponto de vista externo ao bloco, determina-se que a união aduaneira adota substancialmente a mesma política para produtos originários de terceiros países (ou seja, um tratamento uniforme em relação ao comércio realizado com países não pertencentes ao bloco).

Ademais, para blocos regionais formados por países em desenvolvimento, a OMC adota posicionamento mais flexível, através da chamada "Cláusula de Habilitação". Tal instrumento, adotado pelos signatários do GATT no final dos anos de 1970, estatui a possibilidade de os países em desenvolvimento formarem acordos regionais ou globais para a redução mútua ou eliminação de tarifas ou medidas não-tarifárias.

Por fim, resta ressaltar que a própria OMC criou um verdadeiro sistema de sustentação da segurança jurídica nas relações comerciais internacionais, ao estabelecer regras de cumprimento pelos países membros como: o princípio da não discriminação entre as nações, a regra da nação mais favorecida, não discriminação de produtos estrangeiros e proibição de tratamento nacional diferenciado, listas de compromissos sobre tarifas, listas de concessões, transparência das normas sobre comércio e eliminação das restrições quantitativas. Como assinala Ana Carla Bliacheriene "*Os sistemas normativos convencional e comum ou nacional regulam as matérias aduaneiras e tributária no Brasil. O sistema convencional é composto pelos acordos constitutivos da OMC, acordos regionais (Mercosul) e acordos bilaterais. O sistema comum é composto pelas regras constitucionais e infraconstitucionais nacionais*".[27]

27 BLIACHERIENE, Ana Carla. *Comércio Internacional e Tributação*. São Paulo: Ed. Quartier Latin do Brasil, 2005, p. 310.

CAPÍTULO 3

REGIONALISMO LATINO AMERICANO

> *"O fracasso do modelo ALALC-ALADI em produzir efetiva integração se explica pela combinação de deficiências estruturais e de implementação, com ocorrência de metas tanto ambiciosas como vagas, inocorrência de aplicabilidade direta das normas comuns e falta de tribunal comunitário, acrescentando-se a influência não negligenciável de fatores externos adversos"*
>
> — Casella

A integração regional na América Latina é resultado de diversas circunstâncias ocorridas ao longo da história, de origem em acontecimentos internos e externos. Após a segunda guerra mundial, surge o fenômeno da estruturação do mundo em grandes blocos econômicos não institucionalizados juridicamente, mas com amplos poderes econômico, financeiro, tecnológico e político.

A integração econômica tem uma configuração comum nesses blocos, embora existam diferenças entre eles no tocante às estruturas, naturezas, profundidades, legalidades e formas de implementação, sobretudo ao campo da integração política, nos países em que este fenômeno ocorreu.

A partir da década de 1950, surge a ideia de integração econômica no continente latino-americano, oriunda das experiências realizadas na Europa. Ocorreram também influências teóricas dos estudos acadêmicos levados a cabo na Comissão Econômica para a América Latina (CEPAL), através de um de seus diretores Raúl Prebish. Deste momento em diante, a integração passa a ser considerada um instrumento fundamental para o desenvolvimento da região. A importância histórica Cepalina é enfatizada por Vacchino (1993):

> As primeiras tentativas de integração econômica em nosso continente tiveram origem, como acertadamente adverte Salazar Santos, em dois movimentos paralelos e contemporâneos: um propiciado pela CEPAL, com o objetivo de criar o mercado regional latino-americano como resposta aos problemas de estrangulamento externo do desenvolvimento latino-americano e à saturação do processo de substituição de importações em alguns países da área; o outro, composto pelos países do cone sul, direcionado para resolver os difíceis problemas criados pela rede de convênios bilaterais de comércio e pagamentos celebrados entre tais países durante a segunda guerra mundial."[...]"a CEPAL, organismo que desempenhou

> um dos papéis mais relevantes , como promotor e defensor entusiasta da idéia integracionista, como autor intelectual e como gestor e impulsor das negociações que conduziram a subscrição do Tratado de Montevideo.[28]

A realidade de estar localizada na periferia da economia mundial e por não ser desenvolvida tecnologicamente, a América Latina estava pré-determinada a ser uma eterna exportadora de matérias-primas, acarretando a deterioração de seus termos de troca.

Neste sentido, havendo vontade de caminhar rumo ao desenvolvimento econômico, o continente deveria visar um processo de protecionismo coletivo, na forma de substituição de importações, induzindo-se a industrialização interna e construindo-se economias de maior escala através do processo de integração, os quais utilizariam mais eficientemente as capacidades ociosas e reduziriam as importações de países estanhos à região[29]. Configurou-se a ideia então de que a única forma através da qual os países latino-americanos poderiam competir no mercado internacional era a formação de blocos regionais que gerassem um ambiente de livre intercâmbio de bens, serviços, pessoas e capitais no seu interior.

A estratégia passa a construir-se através da ideia de que a industrialização por meio de indústrias complementares na região, levando em conta as vantagens comparativas de cada país, além da devida proteção tarifária, proporcionaria o ambiente ideal para a competitividade internacional, trazendo consigo o desenvolvimento econômico dos países da região.

No final da década de 1950, o movimento revolucionário em Cuba levou o governo dos Estados Unidos a alterar seu ponto de vista, passando a apoiar a formação de um mercado comum centro-americano. Os anos de 1960 inauguraram um período de instabilidade política na região (regimes militares e um quadro democrático não consolidado), conflitos internos entre os países e pouca integração em nível nacional, além da desconfiança mútua aliada ao nacionalismo exacerbado e forte repulsa à intervenção estrangeira nos assuntos internos.

---

28 VACCHINO, Juan Mario. *Integración Latinoamericana: de La ALALC a La ALADI.* Buenos Aires: Depalma, 1983, caps. 4 e 5.

29 Fundo Monetário Internacional, os Estados Unidos da América bem como o sistema do GATT não eram simpáticos à esta ideologia difundida pela CEPAL, porque poderia alterar artificialmente os fluxos comerciais e de investimento na região.

Este panorama impediu o desenvolvimento do processo de integração neste período. A integração se opõe, portanto ao nacionalismo vigente neste momento, porque implica transferir certos poderes tipicamente nacionais a instâncias supranacionais.

> *Havia um sentimento de que a integração econômica tenderia a reduzir o subdesenvolvimento econômico, fato este que atraiu adeptos na região.*

Em decorrência disto foram criados, ainda nesta década, relevantes instituições de integração econômica, tais como: Associação Latino-Americana de Livre Comércio (ALALC, fundada em 1960) e o Mercado Comum Centro-Americano (MCCA, fundado em 1961). A ALALC transforma-se, em 1980, na ALADI (Associação Latino-Americana de Integração).

&

BRASIL & ARGENTINA: ***Os governos de importantes países como a Argentina, o México e o Brasil não se empenharam no processo de integração inaugurado pela ALALC e, portanto não participaram das negociações internas efetivadas como consequência deste processo. ALALC foi a 1ª tentativa de integrar regionalmente a América Latina. Teve finalidade estritamente econômica propondo estabelecer uma zona de livre comércio, e foi integrada inicialmente por Argentina, Brasil, Chile e Uruguai.***

Posteriormente aderiram Paraguai, México e Peru. Depois se integraram Colômbia, Equador, Venezuela e Bolívia. A meta principal era eliminar as barreiras comerciais entre os membros ao longo de 12 anos.

A ALADI, criada pelo Tratado de Montevideo, de 1980, substituindo a ALALC, possui mecanismos de integração flexíveis permitindo acordos parciais entre seus membros (bilaterais e multilaterais), não tendo estrutura de integração rígida, nem prazos. Os países foram os mesmos da ALALC. Como características gerais, os Estados membros poderiam acertar acordos de integração sub-regional, de forma paralela aos compromissos multilaterais. É uma zona de preferência tarifária, compreendendo a promoção e regulação do comércio recíproco, complementação econômica e desenvolvimento de ações de cooperação. Admite a existência de países de menor desenvolvimento relativo aos de desenvolvimento intermediário.

Suas funções básicas são: Promoção e regulação do comércio recíproco, complementação econômica, desenvolvimento de ações de cooperação econômica que ajudem a ampliação dos mercados. De forma distinta das Comunidades Europeias, em que o processo de integração se deu muito formalmente, com a criação de instituições, tais como a Corte de Justiça, a Comissão Europeia e o Conselho Europeu, os processos latino-americanos não procederam assim, causando assim, de forma frequente o descumprimento de acordos, evidenciando uma certa falta de vontade para com a integração.

Além da falta de vontade política dos seus integrantes, Casella sintetiza bem o fracasso dos sistemas de integração conduzidos pela ALALC e ALADI:

> O fracasso do modelo ALALC-ALADI em produzir efetiva integração se explica pela combinação de deficiências estruturais e de implementação, com ocorrência de metas tanto ambiciosas como vagas, inocorrência de aplicabilidade direta das normas comuns e falta de tribunal comunitário, acrescentando-se a influência não negligenciável de fatores externos adversos.[30]

De forma semelhante ao que se previu para a ALALC, na ALADI firma-se o compromisso de estabelecimento de um mercado comum latino-americano, de forma gradual e progressiva, entre seus doze integrantes. No entanto, este objetivo ainda carece de condições determinadas e definição de prazo. Além disso, outros fatores como o alargamento de

30 CASELLA, Paulo Borba. *Mercosul: exigências e perspectivas*. São Paulo: LTr, 1996, p. 33.

prazos inicialmente fixados para cumprimento de etapas no interior da associação, bem como a manutenção de um caráter economicista e sem contemplar aspectos sociais do processo, períodos ditatoriais na América do Sul, o advento do Pacto Andino e do Mercosul, bem como a falta de vontade política e de um tribunal comunitário impediram o avanço do sistema de integração latino-americano atualmente em curso na ALADI.

Por fim, ao analisar o panorama atual dos processos de integração latino-americanos poder-se-ia concluir que poderiam ter avançado mais. As razões existem e devem ser consideradas, como descreve Baumann:

> As listas de prováveis razões para esses resultados limitados são extensas, e compreendem desde as limitações de infraestrutura, as diferenças no aparato legal dos países envolvidos e a baixíssima coordenação de políticas macroeconômicas, até a simples falta de vontade política, em que pese a tônica dos discursos oficiais. (BAUMANN, 2009, p. 44).

A integração regional é um processo complexo e, portanto, lento. A integração latino-americana necessita vencer os obstáculos estruturais e adotar uma verdadeira estratégia de integração, apoiada pela decisão política de cada um de seus dos atores.

CAPÍTULO 4

INTEGRAÇÃO REGIONAL MERCOSULINA

"O desafio consiste em conferir credibilidade ao sistema de produção e – principalmente – implementação das normas do Mercosul"

— Prazeres

Desde o final dos anos 70, superados os conflitos gerados pela construção de diversas represas em rios internacionais (entre elas, Itaipu) e definido por acordo mútuo o aproveitamento racional do rio Paraná por meio da assinatura do Acordo de Empreendimento Operativo-Jurídicos Itaipu e Corpus, realizada em Porto Stroessner, em 19 de outubro de 1979, as relações argentino-brasileiras se tornaram cada vez mais estreitas e cooperativas, baseadas na convicção de que as relações conflitivas são relações de soma zero, enquanto as cooperativas apresentam efeitos multiplicadores de caráter exponencial.

Sem um entendimento entre a Argentina e o Brasil, qualquer projeto de integração sul-americana carece de um elemento fundamental.

&

BRASIL & ARGENTINA: ***Este pensamento é reforçado por Fernandes, para quem o antecedente decisivo para a formação do Mercosul foi a aproximação entre as duas grandes forças da América Latina, Brasil e Argentina, a exemplo do que aconteceu na Europa com os acordos do carvão e do aço, entre França e Alemanha.***

A decisão política assumida por ambos os países, tendente a modificar a relação bilateral de confrontação que havia caracterizado o relacionamento entre os dois, envoltas em uma tradição de competição pela influência ou hegemonia regional, e a passar a uma relação de cooperação, foi fundamental para o êxito do processo de integração.

A recuperação da democracia se traduziu na superação da doutrina de Segurança Nacional, vigente durante os regimes militares, que além de repousar na tradicional rivalidade, trabalhava a ideia da existência de um risco de conflito potencial entre os dois países. Tudo isso contribuiu para a configuração de uma determinada organização econômica, política e social em ambos os países (especialmente em suas fronteiras), que desalentava qualquer cooperação em obras de infraestrutura bilateral e ainda gerava maiores orçamentos militares, projetos específicos na infraestrutura básica (indústrias militares, rodovias, ferrovias etc.) e concentração da relação em áreas de conflito e não de cooperação.

As novas orientações e exigências econômicas fizeram com que os Estados partes do Mercosul vejam na integração um instrumento no qual depositar as esperanças de uma sociedade mais humana, comprometida em construir um mundo mais solidário no século XXI.

INÍCIO DO PROCESSO DE INTEGRAÇÃO BRASIL-ARGENTINA

A integração e seus benefícios é o que justifica o interesse despertado pelo Mercosul, cujo dinamismo serviu de forte impulso a outros blocos na América Latina, revitalizando a integração como instrumento estratégico em um mundo de relações globais.

O início desse processo que culminou com a assinatura do Tratado de Assunção, caracteriza-se por várias semelhanças políticas e econômicas entre Brasil e Argentina:

- ambos os países trocaram governos militares por governos democráticos;
- ambos percebiam a necessidade de mudança e fortalecimento de alianças para enfrentar as condições econômicas adversas no plano internacional;
- ambos tinham necessidade de consolidar o recém iniciado processo democrático, que lhes trazia grandes desafios e cuja solução era mais fácil no quadro de uma estreita colaboração e cooperação;

- em ambos, como em quase toda a região, a dívida externa era uma pesada carga que afetava seriamente suas economias;
- ambos adotaram medidas anti-inflacionárias heterodoxas a fim de combater a crise que os afetava (Plano Austral na Argentina e Plano Cruzado no Brasil).

A primeira ação concreta no campo da integração física ocorreu na inauguração da ponte internacional Tancredo Neves sobre o rio Iguaçu e os Presidentes do Brasil, José Sarney, e da Argentina, Raúl AlFonsín, emitiram a Declaração de Iguaçu, em 30 de novembro de 1985, que expressou a vontade de ambos os países de promover e acelerar o processo de integração bilateral. O êxito dessas negociações foi o grande passo para gerar maior confiança entre os dois países e transformar em realidade a possibilidade de relações mais harmônicas.

Na mesma ocasião foi firmada a Declaração Conjunta sobre Política Nuclear, na qual as duas partes reafirmaram a finalidade pacífica de seus programas nucleares e decidiram intensificar a cooperação neste campo. Em 29 de julho de 1986 os mesmos presidentes, reunidos em Buenos Aires, firmaram a Ata para a Integração Argentino-Brasileira e aprovaram doze protocolos que compreendiam um amplo espectro de acordos sobre bens de capital, cooperação energética, biotecnologia, constituição de empresas binacionais, produção e abastecimento de trigo, cooperação aeronáutica, e outros.

O propósito principal destes acordos era fortalecer as novas democracias que surgiram nos dois países, após os respectivos regimes militares. Este conjunto de protocolos formou o que se denominou de Programa de Integração e Cooperação Econômica (Pice) e visava principalmente expandir e diversificar o comércio entre Brasil e Argentina.

No âmbito destas negociações, foram feitos avanços concretos quanto às integrações física, energética e de comunicações e ao desenvolvimento industrial, assim como nas áreas de complementação industrial. Estabeleceu-se um quadro de reuniões bilaterais em que estavam definidos os temas a tratar, o que significou uma mudança na maneira de negociar. O programa contemplava um projeto de integração gradual e flexível e compreendia inclusão de propostas setoriais concretas.

Nesse momento, decidiu-se pela criação de uma Comissão Mista de Cooperação e Integração Bilateral, que teria por missão específica analisar o processo de integração desenvolvido entre ambos os países a fim de estudar e identificar as áreas que permitissem acentuar as relações entre ambas as partes contratantes. Foram formulados programas e propostas concretas tendentes a seu melhoramento e deu-se ênfase à necessidade de incrementar o poder de negociação com o resto do mundo e acelerar o processo de integração bilateral.

INÍCIO DO PROCESSO DE INTEGRAÇÃO NA AMERICA LATINA

Em 1988 iniciou-se a incorporação do Uruguai ao processo de integração, quando esse país foi convidado a participar do projeto Alvorada e a juntar-se a vários protocolos, coisa que seria feita muito lentamente a partir desse momento, porque seu setor industrial não havia alcançado o desenvolvimento de seus vizinhos e temia que liberalização acarretasse uma competição maior e ruinosa nessa área. Por sua vez, ainda era difícil o ingresso do Paraguai, ainda governado por regime militar não democrático.

Nessas circunstâncias, naqueles anos iniciais, o processo de integração não teve a transcendência econômica e comercial esperada em relação a todos os países que integrariam o Mercosul. O golpe de Estado do dia 3 de fevereiro de 1989 contra Alfredo Stroessner, no Paraguai, resultou na queda de um dos últimos regimes do tipo ditatorial e autoritário na região e na possibilidade de ampliar territorialmente o processo e dotá-lo de maior dinamismo.

Para sustentar a recente democracia paraguaia e evitar que Uruguai e Paraguai ficassem isolados de seus sócios comerciais mais importantes (Argentina e Brasil) e com interesse de eliminar o estancamento das relações econômicas na região, os presidentes Julio Maria Sanguinetti, do Uruguai, e Andrés Rodriguez, do Paraguai, acolheram o convite para criar um grande espaço regional integrado, à base das relações ou acordos bilaterais já existentes entre Argentina e Brasil, o que ocorreu em 1990.

Nesse ínterim, e diante do esgotamento em 1988 das negociações em nível setorial e a falta de entusiasmo do Uruguai, produziu-se uma mudança de rumo do processo, que abandonou o enfoque setorial e começou a mover-se em direção a um espaço econômico comum (enfoque global). A meta passou a ser mais ambiciosa: a criação de um mercado comum, para 1994, objetivo que seria atingido mediante um ritmo decisivo, orientado para a consecução de uma integração maciça no aspecto comercial (abertura recíproca prevista para o universo tarifário com um regime de exceções restrito e transitório) e de caráter global (abarca todos os aspectos relevantes da política econômica).

O Tratado de Assunção, em 26 de março de 1991, funda oficialmente o Mercosul, no qual se assumiu todos os compromissos firmados no seio da ALADI, ficando aberto à entrada de outros países pertencentes a esta organização. A primeira grande realização foi a instituição de um sistema de solução de controvérsias, por meio do Protocolo de Brasília de 1991, criando grupamento de tribunais arbitrais *ad hoc*[31], cujos laudos são obrigatórios e inapeláveis, para dirimir controvérsias entre os Estados membros, em relação ao direito do processo associativo.

Em 19 de dezembro de 1994, firma-se o Protocolo de Ouro Preto que dotou o Mercosul de personalidade jurídica de direito internacional, e definiu sua estrutura institucional definitiva, determinou o aprofundamento da integração mediante a adoção de políticas macroeconômicas e setoriais coordenadas e aprovou de maneira definitiva a Tarifa Externa Comum, harmonizando a nomenclatura a partir de 01/01/95.

MERCOSUL, SEUS OBJETIVOS E CARACTERÍSTICAS GERAIS

O objetivo fundamental do Mercosul é a concretização de um mercado comum entre os seus Estados membros, isto é, uma zona de livre comércio constituída em consequência da eliminação dos entraves aduaneiros e outras restrições ao comércio, permitindo a livre circulação de mercadorias, serviços, capitais e pessoas, estabelecendo uma Tarifa Externa Comum diante de terceiros Estados, harmonização legislativa e coordenação de políticas macroeconômicas.

Dentre **os objetivos específicos** do bloco, conforme o artigo 1º do Tratado de Assunção, temos:

1. LIVRE CIRCULAÇÃO DE BENS, SERVIÇOS E FATORES DE PRODUÇÃO: durante o período de transição, devem ser eliminados todos os direitos aduaneiros, restrições não tarifárias e medidas de efeito equivalente que tinham por efeito impedir ou dificultar o livre trânsito de mercadorias e outros fatores de produção;

31 *Ad hoc* é uma expressão latina cuja tradução literal é "para isto" ou "para esta finalidade".

2. ESTABELECIMENTO DE UMA TARIFA EXTERNA COMUM: é a harmonização das disposições tarifárias que cada país aplica aos países de fora do bloco;

3. ADOÇÃO DE UMA POLÍTICA COMERCIAL COMUM DIANTE DE TERCEIROS PAÍSES: implica a transferência de atribuições derivadas da soberania nacional em favor de um órgão do processo de integração, que fixa as políticas a serem aplicadas por todos os países da zona. No Mercosul este órgão é a Comissão de Comércio, que controla as políticas macroeconômicas dos países membros em relação com outros países externos à zona;

4. LIBERALIZAÇÃO COMERCIAL: consiste em reduções tarifárias progressivas, lineares e automáticas, acompanhadas pela eliminação de todos os demais tipos de restrições, chegando a 31/12/94 com tarifa zero e sem restrições sobre a totalidade do universo tarifário;

5. COORDENAÇÃO DE POLÍTICAS MACROECONÔMICAS: para que o território da zona se transforme em um só mercado, faz-se necessário e imprescindível que as políticas macroeconômicas sejam uniformes (fiscais, monetárias, setoriais);

6. HARMONIZAÇÃO DE LEGISLAÇÕES: é um passo adiante no caminho da obtenção de regras de jogo uniformes em todos os países do processo de integração, para que o mercado integrado funcione de maneira parecida em qualquer dos seus âmbitos.

As fontes jurídicas foram estabelecidas pelo artigo 41 do Protocolo de Ouro Preto, assim disposto:

Art. 41. As fontes jurídicas do Mercosul são:

I – o Tratado de Assunção, seus protocolos e os instrumentos adicionais ou complementares;

II – os acordos celebrados no âmbito do Tratado de Assunção e seus protocolos;

III – as Decisões do Conselho do Mercado Comum, as Resoluções do Grupo Mercado Comum e as Diretrizes da Comissão de Comércio do Mercosul, adotadas desde a entrada em vigor do Tratado de Assunção.

A organização institucional está firmada conforme o disposto no mesmo protocolo, o qual prevê que as decisões do bloco são tomadas por consenso[32], através de reuniões periódicas entre os Estados Partes. Todos os órgãos são de natureza intergovernamental, exercendo suas funções através dos seguintes órgãos:

1. O Conselho do Mercado Comum (CMC) é o órgão principal, tendo por função a condução política do bloco regional, bem como a tomada de decisões para a assegurar o cumprimento dos objetivos estabelecidos no tratado. É formado pelos Ministros das Relações Exteriores, pelos Ministros da Economia e pelos Presidentes dos Bancos Centrais dos 4 países. O CMC se manifesta por meio de decisões[33];
2. O Grupo do Mercado Comum (GMC) auxilia o CMC, atuando como órgão executivo. Está formado por membros que representem o Ministério das Relações Exteriores, o Ministério da Economia e o Banco Central. Cabe ao GMC velar pelo cumprimento do tratado; tomar as providências necessárias ao cumprimento das decisões adotadas pelo Conselho; propor medidas concretas tendentes a aplicação do Programa de liberação Comercial, a coordenação de política macroeconômica e a negociação de acordos com terceiros países; fixar programas de trabalho que assegurem avanços para o estabelecimento do Mercado Comum. O GMC manifesta-se por meio de Resoluções[34];

A Comissão de Comércio do Mercosul assessora o GMC, sendo responsável pela aplicação dos instrumentos de política comercial co-

32 Art. 37 do Protocolo de Ouro Preto (POP): As decisões dos órgãos do Mercosul serão tomadas por consenso e com a presença de todos os Estados Partes.

33 CONSELHO DO MERCADO COMUM: Artigos 3º , 4º ,6º , 8º e 9º do POP e art. 10 do Tratado de Assunção.

34 GRUPO DO MERCADO COMUM: Artigos 10, 11, 14, 15 do POP.

mum acordados pelos Estados partes para o funcionamento da União Aduaneira:, bem como o acompanhamento e revisão dos temas e matérias relacionados as políticas comerciais comuns, com o comércio intra Mercosul e com terceiros países. É integrada por 4 membros titulares e 4 suplentes por Estado, sob a coordenação dos Ministérios dos Negócios Estrangeiros. A CCM manifesta-se por Diretrizes[35].

A Comissão Parlamentar Conjunta (CPC) é o órgão representativo dos parlamentares dos Estados partes, tendo por objetivo acelerar os procedimentos internos em seus respectivos Estados para a pronta entrada em vigor das normas emanadas dos órgãos com capacidade decisória do Mercosul. Cooperará na harmonização de legislações, tal como requerido pelo avanço do processo de integração. Ela é integrada por várias subcomissões que tratam temas relevantes à construção da união aduaneira, dentre eles: assuntos comerciais, tarifários, normas técnicas, política fiscal e monetária, transporte, política industrial e tecnológica, política agrícola, as políticas macroeconômicas, políticas trabalhistas, meio ambiente, relações institucionais, direito da integração e assuntos culturais. Fazem parte da CPC 64 legisladores, 16 por país, eleitos de acordo com os regulamentos internos de cada membro. Manifesta-se através de Recomendações e Pareceres.

Esta Comissão foi recentemente substituída pelo **Parlamento do Mercosul**, que pretende fortalecer o âmbito institucional de cooperação interparlamentar no bloco regional. Em 14/12/2006 foi realizada a Sessão de Constituição do Parlamento do Mercosul, no plenário do Senado Federal Brasileiro[36]. O Parlamento tem como missão representar os povos do Mercosul, respeitando sua pluralidade ideológica e política; assumir a defesa permanente da democracia, da liberdade e da paz; promover o desenvolvimento sustentável da região com justiça social e respeito à diversidade cultural de suas populações; garantir a participação dos atores da sociedade civil no processo de integração; estimular a formação de uma consciência coletiva de valores cidadãos e comunitários para a integração; contribuir para consolidar a integração latino-americana mediante o aprofundamento e ampliação do Mercosul; promover a solidariedade e a cooperação regional e internacional.

---

35 COMISSÃO DE COMÉRCIO DO MERCOSUL: artigos 16, 17, 19, 20, 21 do POP.

36 COMISSÃO PARMAMENTAR CONJUNTA (CPC): artigos 22, 23, 24, 25, 26. FUNÇÕES DA CPC: art. 3º do Regulamento Interno.

Os parlamentares são eleitos por sufrágio universal direto, com mandato de 4 anos. A primeira etapa de transição realizou-se de 31/12/2006 até 31/12/2010, e a segunda etapa, de 1º de janeiro de 2011 até 31/12/2014, quando seria realizada a primeira eleição direta. A eleição direta dos parlamentares ainda não ocorreu, sendo os mesmos escolhidos dentre os parlamentares de cada país.

O **Foro Consultivo Econômico e Social** é o órgão auxiliar de representação de setores econômicos e sociais. É integrado por igual número de representantes de cada Estado parte, tendo função consultiva e manifestando-se através de recomendações ao Grupo do Mercado Comum. Suas proposições não são vinculativas, constituindo-se em um canal de contatos à disposição dos empresários e trabalhadores, que se torna, assim como na União Europeia, de muita relevância para a concretização do Mercado Comum.

A **Comissão de Representantes Permanentes do Mercosul** (CRPM) é órgão permanente do CMC, estando integrado por representantes dos Estados partes e presidida por uma personalidade política destacada de um dos países membros. Sua função principal é apresentar iniciativas ao Conselho do Mercado Comum sobre temas relativos ao processo de integração, às negociações externas e à conformação do Mercado Comum.

A **Secretaria Administrativa do Mercosul** tem por função servir como arquivo oficial da documentação do bloco; publicar no Boletim Oficial do bloco, nos idiomas espanhol e português, as normas adotadas em seu âmbito, tais como as Decisões do Conselho do Mercado Comum, as Resoluções do Grupo Mercado Comum, as Diretrizes da Comissão de Comércio do Mercosul e os laudos arbitrais de solução de controvérsias ou quaisquer atos que o Conselho do Mercado Comum ou o Grupo do Mercado Comum entendam que sejam necessários. A Secretaria Administrativa tem sua sede em Montevideo e está a cargo de um diretor, que deve ser nacional de um dos Estados partes e será eleito de forma rotativa, com mandato de 2 anos, pelo Grupo do Mercado Comum e designado pelo Conselho do Mercado Comum.

Os órgãos do Mercosul elaboram uma **legislação derivada**, através de decisões, resoluções, diretrizes, recomendações e pareceres. As decisões são proferidas pelo CMC, as resoluções pelo GMC, as diretrizes pela Comissão de Comércio do Mercosul, e as recomendações e pareceres pelo Foro Consultivo Econômico e Social e pelo Parlamento do Mercosul. Com relação a aprovação dessa legislação derivada e ao sistema de tomada de decisões, o art. 37 do Protocolo de Ouro Preto estabelece: "as decisões dos órgãos do Mercosul serão tomadas por consensos e com a presença de todos os Estados partes".

A legislação derivada entra em vigor após a incorporação dos Estados partes. Um dos problemas atuais mais inquietantes no Mercosul refere-se à lentidão na incorporação das normas derivadas, o que tem gerado um descompasso na aplicação deste tipo de direito. Chego à conclusão de que esta legislação derivada, somada à ordinária não formam um direito comunitário, pelo fato de não possuírem aplicabilidade direta na ordem interna dos Estados. Toda a legislação aprovada no foro do Mercosul depende das aprovações dos Parlamentos Nacionais, pela via clássica do Direito Internacional Público ou pelo Direito da Integração.

O modelo intergovernamental permanece no Protocolo de Ouro Preto por ser o único caminho possível, quando, por exemplo, as Cartas Constitucionais não viabilizarem a formação de um bloco supranacional. Conforme estabelece o art. 2º do Protocolo de Ouro Preto "são órgãos com capacidade decisórias, de natureza intergovernamental, o Conselho do Mercado Comum, o Grupo de Mercado Comum e a Comissão de Comércio do Mercosul".

No tocante aos efeitos de suas decisões, especificamente em relação aos dois principais órgãos do Mercosul, o CMC e o GMC, Guido Soares ressalta o caráter intergovernamental destas instituições:

> Trata-se de dois órgãos colegiados que, pela sua composição, já revelam instituições típicas de cooperação interestatal, sem entanto constituírem órgãos administrativos e legislativos supranacionais, que possam vir a ter uma atuação supranacional, independentemente das diplomacias oficiais dos Estados-Partes. São órgãos diplomáticos das relações externas dos Estados-Partes, sem o caráter de serem compostos por pessoal anacional e a serviço do Mercosul.[37]

Quanto à Comissão Parlamentar Conjunta, suas diferenças em relação ao Parlamento Europeu são notórias, pois não representam a comunidade, mas sim os legislativos nacionais. Deisy Ventura exprime com precisão esta constatação: "*resta claro que não se trata de uma*

37 SOARES, Guido. *Mercosul: das negociações à implantação.* São Paulo, Ed. LTr, 1994, p. 39.

instituição, mas apenas uma tentativa de aproximação entre os legislativos nacionais, a ser promovida pelos Estados, individualmente"[38].

Ressalte-se que Paraguai e Argentina, após revisão constitucional em 1992 e 1994, respectivamente, permitiram a delegação de competências a organismos supranacionais. Uruguai e Brasil permanecem reticentes quanto a este tema, havendo, portanto, nestes dois países, uma barreira à supranacionalidade, a depender de reforma constitucional.

> & **BRASIL & ARGENTINA:** ***Ressalte-se que Paraguai e Argentina, após revisão constitucional em 1992 e 1994, respectivamente, permitiram a delegação de competências a organismos supranacionais.***

MERCOSUL E UNIÃO EUROPEIA: DIFERENÇAS FUNDAMENTAIS

O Mercosul e a União Europeia funcionam como organizações internacionais, porque se baseiam no Direito Internacional, tendo sido criados por meio de tratados internacionais. Apenas parcialmente coincidem os objetivos econômicos e, neste sentido, fica complicado fazer uma comparação efetiva entre os dois sistemas. Raúl Granillo Ocampo, advogado e político argentino defende a seguinte diferenciação[39] entre os dois processos integrativos:

1. **Carência de Finalidade Política.** Na União Europeia, o mercado comum é um meio enquanto no Mercosul é uma finalidade. A construção política europeia, à diferença do Mercosul, apela a participantes diferentes dos Estados Membros (os povos europeus) e a integração tem um evidente significado político (assegurar a paz, a liberdade e o bem-estar) em suas origens e

---

38 VENTURA, Deisy de Freitas Lima. *A Ordem Jurídica do Mercosul*. Porto Alegre: Livaria do Advogado, 1996, p. 59

39 OCAMPO, Raúl Granillo. *Direito Internacional Público da Integração*. Rio de Janeiro: Elsevier, 2009, p. 495-496.

em seus objetivos. No Mercosul somente os Estados Membros são parte do processo, e embora se busque o bem-estar dos membros, não existem objetivos políticos.

2. **Integração Versus Cooperação.** No Mercosul não há cessão de competências soberanas em favor dos órgãos do processo de integração, e cada um dos países coopera com os demais, para que em conjunto se realizem os interesses nacionais de cada um dos Estados Membros. Ao contrário, as instituições da União Europeia se nutrem de poderes soberanos nacionais, cujo exercício foi cedido pelos Estados Membros aos órgãos do processo de integração. Os interesses nacionais dos países membros se transformam em um único interesse comum que os substitui, e é o que se pretende levar a cabo com o processo de integração.

3. **Carência de Autonomia Institucional Legal.** Na União Europeia as instituições emitem normas jurídicas que uma vez aprovadas se tornam obrigatórias não apenas para as próprias instituições e os Estados Membros, mas também para os habitantes de cada um deles, devendo ser aplicadas imediatamente (não é necessária sua incorporação ao ordenamento jurídico nacional dos países membros); Têm primazia sobre o direito interno nacional e sua aplicação pode ser reclamada tanto aos órgãos judiciais do sistema como aos órgãos judiciais de cada um dos Estados nacionais membros, não apenas pelos Estados, mas também pelas instituições do processo e por particulares. No Mercosul, as instituições emitem normas jurídicas obrigatórias para os Estados (não seus habitantes), que para entrar em vigor devem ser incorporadas ao ordenamento jurídico interno dos Estados Membros, não têm primazia sobre o direito interno dos países membros e cuja aplicação somente pode ser solicitada pelos Estados (e não por particulares nem por instituições do processo), perante tribunais arbitrais *ad hoc* previstos no sistema.

Nas relações entre os dois blocos, destaco pretensões do Mercosul, que encontram resistências por parte do bloco europeu. O sistema de cotas oferecido pela União Europeia para produtos agrícolas é considerado insuficiente pelo Mercosul. O mesmo posso dizer a respeito da abertura do mercado de serviços no modo de prestação quatro[40], que não agradam o bloco mercosulino.

Quanto ao seu avanço institucional, o Mercosul está intimamente ligado a condições estruturais e conjunturais, sem as quais a integração não avançará e estará sujeita até a retrocessos no processo. Para que se crie o ambiente ideal para este progresso é necessária a ocorrência das seguintes circunstâncias[41], na visão de Marcelo Passini Mariano, cientista sociopolítico e sociólogo:

1. **Democracia:** a integração recente no Cone Sul só teve início, concretamente, depois da emergência dos governos civis e da instalação do processo de redemocratização.
2. **Multidimensionalidade:** O Mercosul tem demonstrado que não é apenas um projeto de intercâmbio comercial entre os países da região, tendo incorporado, no decorrer do tempo, temáticas que abarcam os níveis educacional, cultural, de políticas tecnológicas e outros.
3. **Sistema Decisório Dinâmico e Balanceado**: o dinamismo do Mercosul é uma de suas principais características. O sistema decisório tem se mostrado dinâmico para o estágio até agora alcançado, o de formação de uma União Aduaneira, apesar de enfrentar dificuldades em iniciar um processo de supranacionalização de alguns de seus órgãos, dificultando também uma futura implantação de um mercado comum.
4. **Articulações Estruturais**: os países integrantes do Mercosul têm avançado significativamente neste aspecto, o que até pouco tempo atrás era visto como uma das principais dificuldades do processo de integração no Cone Sul, principalmente se lembrarmos os avanços na especialização produtiva, o melhor aproveitamento das matrizes energéticas e o avanço nos projetos conjuntos de construção de novas vias de transporte e de comunicação, além de outros.

---

40 É um tipo de serviço chamado de presença de pessoas físicas, através do qual ocorre o deslocamento do indivíduo de seu país para prestar o serviço no outro.

41 MARIANO, Marcelo Passini. *A Estrutura Institucional do Mercosul*. São Paulo: Aduaneiras, 2000, p. 84.

5. **Convergência e Compatibilidade de Objetivos**: a história da integração no Cone Sul, a partir de 1985, nos mostra que os governos nacionais se viram em uma situação comum, caracterizada basicamente pelos processos de democratização e pelas tentativas de solucionar o problema da instabilidade econômica nacional. Ao mesmo tempo havia um processo de perda de importância desses países no sistema internacional em virtude das mudanças e novas tendências (globalização, regionalização e o término da Guerra Fria). Os governos nacionais se viram na necessidade de atuarem cooperativamente, tendo por objetivo enfrentar essa nova situação nacional, regional e internacional.
6. **Participação dos Cidadãos**: este aspecto também se constitui em um dos obstáculos a ser enfrentado, já que demonstramos que a inclusão de novos atores relevantes tem acontecido de forma insuficiente. No que concerne aos cidadãos, que são a base do processo e de onde emana a sua legitimação, estes possuem canais de representação e oportunidades de participação limitadas, principalmente se considerarmos o fraco poder decisório dos parlamentares, que deveriam intermediar as relações entre os cidadãos e a cúpula decisória do Mercosul. Além disso, essa situação é agravada pela falta de uma justiça comum.

O citado autor também destaca que o fundamental para a evolução do processo integracionista seria a expansão do poder decisório para os órgãos representativos e de justiça comuns, implicando maior supranacionalidade do processo. Neste sentido, o terceiro e sexto requisitos são os menos atendidos para que a integração possa atingir o nível de mercado comum.

O Mercosul enfrenta atualmente dificuldades em seu caminho rumo ao aprofundamento da integração. Pedro da Mota Veiga[42] é enfático ao indicar que as dificuldades do bloco se tornaram evidentes quando se encerrou a fase de abertura comercial intrazona, para o que os países da região estavam relativamente preparados, já que se encontravam num processo de liberalização econômica de forma geral.

42 VEIGA, Pedro da Mota. Mercosur's Institutionalization Agenda: the challengers of a Project in crisis. Buenos Aires: IDB-Intal, 2004, p. 12.

Quando as questões centrais do bloco passaram então a se concentrar numa agenda mais complexa, as dificuldades se avolumaram consideravelmente. A partir de 1995, com a adoção da Tarifa Externa Comum (TEC) foi evidenciada a necessidade de se coordenarem políticas até então tidas como internas, e a institucionalidade do bloco mostrou-se frágil para conferir o suporte necessário à adoção – e implementação – de medidas com esse fim. Ele indica que, até o ano de 2000, somente 34% das normas adotadas pelo bloco haviam sido incorporadas pelos quatro sócios, num universo de 1.128 normas adotadas pelo bloco[43].

O risco conhecido por todos, segundo defende Tatiana Lacerda Prazeres, é de que o Mercosul perca relevância no mundo dos fatos, exercendo influência muito limitada sobre o comportamento de atores públicos e privados.

Há ainda problemas mais graves para o processo de integração entre os objetivos específicos do Mercosul, que constam nos itens III e IV, estabelecidos no artigo 1º do Tratado de Assunção (descritos anteriormente neste capítulo): Segundo Fernando Ribeiro[44], desde o início, reconheceu-se que havia uma assimetria importante entre os países, seja em termos de tamanho das economias, seja em termos de competitividade e diversificação de suas estruturas industriais, seja ainda em termos de diferenças nos arcabouços legais e regulatórios. No seu entender, a experiência de integração econômica em outras regiões do mundo, notadamente o caso da União Europeia, demonstra claramente a importância de desenvolver e aplicar mecanismos destinados a reduzir essas assimetrias.

No tocante à atual fase de União Aduaneira, com o estabelecimento da Tarifa Externa Comum (TEC) para os bens que são importados de fora do bloco, destaco que ela não evoluiu como se desejava, desde 1994 (ano em que foi instituída) pois ainda está em processo de convergência das estruturas tarifárias nacionais, em direção ao uma estrutura comum.

No âmbito de sua atuação externa, o ponto positivo foi o evento ocorrido em 2000 (o Relançamento do Mercosul), oportunidade em que o Conselho do Mercado Comum decidiu que, a partir de junho de 2001, os Estados estavam proibidos de assinarem novos acordos preferenciais que não tenham sido negociados no âmbito do Mercosul.

---

43 PRAZERES. Tatiana Lacerda. *A OMC e os Blocos Regionais*. São Paulo: Editora Aduaneiras, 2008, p. 231.

44 RIBEIRO, Fernando. *Revista Brasileira de Comércio Exterior n° 107*. Rio de Janeiro: Fundação Centro de Estudos do Comércio Exterior, 2011, p. 2-3.

Outro fato de relevância para esse cenário foi a assinatura, em 2006, do Protocolo de Adesão da Venezuela, contendo compromissos e etapas do processo de ingresso do país ao bloco. Este país deverá liberalizar o comércio e implementar a Tarifa Externa Comum (TEC), bem como regras para a adoção das normas do Mercosul. A entrada do novo membro foi ratificada Pela Decisão CMC 27/2012, no entanto foi o país foi suspenso do bloco em dezembro de 2016.

Em termos de importância do bloco para a individualidade de cada país, estima-se que ela é tanto maior quanto menor o tamanho de cada um deles.

Estas e outras questões serão de vital relevância na análise sobre a possibilidade de harmonização das legislações dos países do bloco, particularmente Brasil e Argentina, assuntos tratados nos próximos capítulos.

HARMONIZAÇÃO TRIBUTÁRIA

CAPÍTULO 5

IMPOSIÇÃO TRIBUTÁRIA INTERNACIONAL E TRATADOS INTERNACIONAIS TRIBUTÁRIOS

"Tratado internacional é um ato jurídico em que dois ou mais Estados concordam sobre a criação, modificação ou extinção de algum direito"

— Bevilaqua

Neste capítulo farei uma análise do tratamento tributário nas relações econômicas internacionais, especialmente no tocante à pluritributação internacional e a bitributação internacional, os critérios de competência adotados e a importância dos tratados internacionais em matéria tributária. No tocante a estes, destaco o posicionamento dos diversos sistemas jurídicos com respeito a sua posição hierárquica em relação às demais normas jurídicas internas de cada entidade estatal.

TRIBUTOS NAS RELAÇÕES ECONÔMICAS INTERNACIONAIS

Os princípios inerentes à tributação das atividades transnacionais inserem-se no que se denomina Direito Tributário Internacional. Vasconcelos[45] alerta para o fato de que: "*Uma tarefa a que não pode se escusar o jurista é a investigação da existência do Direito Tributário Internacional, uma vez que estamos falando, basicamente, de normas internas dotadas de elementos de estraneidade, válidas a alcançar a renda de residentes produzidas ultraterritorialmente ou a renda de não residentes obtidas no território*".

Há um consenso de que os princípios de tributação internacional embasam-se em regras e princípios estabelecidos originariamente nos anos de 1920, momento em que a Liga das Nações designou um grupo de economistas para estudar a questão. O foco principal do estudo centrava-se em buscar soluções para o problema da cumulação de pretensões fiscais[46].

Mas também encontramos formas de entendimentos diferenciados sobre a questão. Alessandro Garelli[47] admitiu a pluralidade de tributações

45 VASCONCELOS, Roberto França de. Revista Tributária das Américas: Histórico dos Princípios de Tributação das Atividades Transnacionais. São Paulo: Editora Revista dos Tribunais, 2011, p. 386.

46 TORRES, Heleno. Pluritributação Internacional sobre as Rendas das Empresas. São Paulo: Editora Revista dos Tribunais, 2001, p. 53 e 580.

47 GARELLI, Alessandro. Il diritto internazionale tributário. Turim: [s.n.], 1899, p. 60 apud PIRES,

mas desde que não superior aos serviços prestados, levando em consideração que o ciclo econômico se desenvolve em vários Estados. Já Fasolis defende a ideia de que os impostos incidentes sobre as diferentes categorias de rendimentos pertenceriam ao país da respectiva fonte, ao passo que a tributação pessoal sobre o rendimento e os impostos sobre o consumo deveriam caber ao país do domicílio ou onde acontece o consumo. Wagner[48] estabeleceu a correlação entre a tributação da renda mundial e o postulado de que não deveria haver distinção no tratamento tributário entre o rendimento de origem interna e o de origem externa. O imposto de renda deveria, pois, abranger todos os rendimentos indistintamente, apontando para a tributação em bases globais. Apesar da importância do ineditismo, a teoria de Wagner não considerou o fenômeno da bitributação internacional e as formas de se estabelecer instrumentos contra ela.

Edwin Seligman, economista americano em sua obra "*Essays in Taxation*" dedica parte dela à questão da distribuição de competência tributária entre os Estados. Segundo ele, a bitributação é uma consequência natural do crescimento moderno das economias mundiais, na qual uma pessoa passa a viver em um Estado, deter propriedade em outro e celebrar negócios em um terceiro. Obteria então rendimentos em um Estado (fonte) para gastá-los em outro (residência).

O autor ainda destaca que o princípio mais antigo seria o da cidadania (*citizenship*) ou pertinência política, no qual apenas o cidadão do país estava submetido às obrigações para com o governo do Estado onde vive. Tributar apenas o cidadão – isentando o estrangeiro – parecia inaceitável e, neste sentido, o princípio acabou adotado nas relações internacionais de tal forma que o estrangeiro não fosse isentado e o estrangeiro, ainda que morando fora do país de sua origem, permanecesse a este obrigado tributariamente.

Em 1921, quando o comércio internacional experimentava uma recuperação após a 1ª guerra mundial, a Liga das Nações, preocupada com o fato de que esta recuperação fosse prejudicada com a bitributação internacional, nomeou um grupo de economistas com a tarefa de estabelecer princípios gerais para servir de base a uma convenção internacional para combater a bitributação. Este grupo de especialistas

---

Manuel. Da dupla tributação jurídica internacional sobre o rendimento. Lisboa: [s.n.], 1984, p. 252.

48 VOGEL, Klaus. World-Wide vs. Source Taxation of Income – A review and revaluation of arguments. Munique: International Tax Review, 1988, p. 82.

formulou o documento denominado *Report on Double Taxation*, considerado um dos mais relevantes fundamentos do atual sistema de tributação internacional.

O grupo de especialistas adotou inicialmente o conceito de "pertinência econômica", rejeitando assim o conceito de "pertinência política" porque, já naquele momento, entendiam que as pessoas guardavam poucos laços com seu país, considerando a intensa migração de pessoas e de capital. Dentro deste raciocínio, o país onde uma pessoa se estabelece, ali depositando seus interesses econômicos, como, por exemplo, suas propriedades, teria o direito prioritário de tributar sua renda.

Examinando os fatores importantes na determinação da competência tributária como a pertinência política ou a nacionalidade, residência, domicílio e local de origem da renda, concluíram que o estrangeiro deveria optar entre domicílio e origem, pois eram, de certa forma, decorrentes do princípio da "pertinência econômica". Neste aspecto, distinguiram quatro indicadores de pertinência econômica: *situs*, *status* legal e domicílio e suas respectivas categorias de fonte de renda:

1) Terra e casas;
2) Empresas de negócios com caráter imóvel como (a) minas, (b) estabelecimentos industriais e (c) estabelecimentos comerciais;
3) Móveis com localização fixa, como (a) equipamentos e (b) dinheiro;
4) Móveis normalmente sem localização fixa como, por exemplo, os navios;
5) Seguros e empréstimos como (a) hipoteca, (b) ações, e (c) empréstimos comerciais;
6) Renda derivada da atividade profissional.

A conclusão dos economistas foi no sentido de que as categorias 1, 2, 3(a), 4 e 5(a) têm pertinência mais forte com a origem, enquanto as categorias 3(b), 5(b) e (c) e 6 têm laços mais fortes com o domicílio, assim devendo ser distribuída a competência tributária.

Estes estudos tiveram forte influência nas regras atuais do Direito Tributário Internacional, sobretudo no aspecto da repartição de competências tributárias entre os países. Por fim, é relevante destacar que as principais fontes internacionais do Direito Tributário Internacional são os tratados. Alguns tratam da matéria tributária como assunto primordial, outros; regulam a matéria tributária como instrumento para atingir objetivos diversos.

Igor Mauler Santiago[49], doutor em direito tributário e escritor, exemplifica os assuntos versados por estes últimos tratados: acordos de paz, criação de organizações internacionais, concessão de privilégios diplomáticos e consulares, integração regional, livre comércio, navegação aérea, telefonia, intercâmbio científico e outras. Argumenta ainda que a doutrina pátria reconhece os tratados como fontes exclusivas ou quase exclusivas do Direito Tributário Internacional, negando ou admitindo em caráter excepcional, os costumes e os princípios gerais como fontes excepcionais.

TRATADOS INTERNACIONAIS E TRIBUTAÇÃO

A partir de 1815, o aparecimento dos tratados multilaterais e das organizações internacionais, muda o panorama das relações internacionais até então. Surge a necessidade de se codificar o Direito Internacional, especificamente no que se refere ao Direito dos Tratados.

Após vinte anos de trabalho, a Comissão de Direito Internacional das Nações Unidas (CDI), sob a presidência do internacionalista Roberto Ago, adota, em 23 de maio de 1969, a Convenção de Viena sobre Direito dos Tratados[50], que começou a vigorar internacionalmente em 1980, momento no qual se atingiu o *quorum* mínimo de trinta e cinco membros. Este instrumento de Direito Internacional foi complementado pela Convenção sobre Direito dos Tratados entre Estados e Organizações Internacionais, ou entre Organizações internacionais, reconhecendo o direito das Organizações Internacionais de firmarem tratados e convenções internacionais.

Em seu artigo 2º, I, alínea 'a', a Convenção de Viena de 1969 assim define um tratado internacional:

---

49 SANTIAGO. Igor Mauler. *Direito Tributário Internacional* – métodos de solução dos conflitos. São Paulo: Ed. Quartier Latin, 2006.

50 O Relator final da Convenção foi Humphrey Waldock.

> Acordo internacional celebrado por escrito entre Estados e regido pelo Direito Internacional, quer conste de um instrumento único, quer de dois ou mais instrumentos conexos, qualquer que seja sua denominação particular.

Clóvis Beviláqua, jurista, legislador, filósofo, literato e historiador brasileiro, além de um dos responsáveis pela elaboração do Código Civil de 1916, ensina que: "*Tratado internacional é um ato jurídico em que dois ou mais Estados concordam sobre a criação, modificação ou extinção de algum direito*". O notável mestre ainda acrescenta que; "*a definição abrange todos os atos jurídicos bilaterais ou multilaterais do direito público internacional, que, realmente, podem ser designados pela denominação geral dos tratados, mas que recebem, na prática e nos livros de doutrina qualificações diversas*".

Quanto à função do tratado para o direito internacional e o contrato para o direito interno, Ernesto Guardia[51] nos ensina que tanto um como outro, enquanto fontes de manifestação de normas, possuem a mesma fonte geradora: a autonomia da vontade. Na condição de fonte de produção, o contrato e o tratado são os criadores de normas individuais.

Os primeiros tratados criadores de normas gerais somente surgem a partir da segunda metade do século XIX, sendo que até este momento, a criação destas últimas regras estava a cargo do costume e dos princípios gerais do direito.

No tocante à hierarquia dos tratados internacionais relativamente ao tratamento dispensado pelas respectivas constituições estatais modernas, Antonio Cassesse[52], jurista italiano, faz uma interessante classificação na qual discrimina:

a) Constituições que ignoram a questão da inserção dos tratados nos ordenamentos jurídicos nacionais;

b) Constituições que colocam os tratados internacionais no mesmo pé de igualdade normativa que a legislação ordinária infraconstitucional;

51 GUARDIA. Ernesto De La. *Derecho de los Tratados Internacionales*. Buenos Aires: Ed. Ábaco de Rodolfo Depalma, 1997, p. 49-50.

52 CASSESSE. Antonio. *Modern constitution and international Law*. Recueil des Cours de L'académie de Droit International (RCADI), 1985, v. 192, p.334-475. Apud SOARES, Guido Fernando Silva. Curso de Direito Internacional Público. São Paulo: Ed. Atlas, 2002, p. 206-225.

c) Constituições que elevam os tratados internacionais em termos de normas quase constitucionais e;

d) Constituições que permitem aos tratados internacionais reformarem a própria constituição.

No primeiro grupo, em virtude de nada afirmarem acerca da hierarquia dos tratados face a ordem jurídica interna, a jurisprudência tem entendido que eles passam a ser legislação infraconstitucional, submetidos aos princípios da *Lex posterior derrogat priori* e/ou da *Lex specialis derrogat generalibus*, considerando-se os tratados *Lex specialis*.[53]

No segundo grupo, o tratado recepcionado integra a legislação infraconstitucional, submetendo-se aos mesmos princípios descritos. Diferentemente do grupo anterior, as Constituições exigem a participação dos poderes legislativos na recepção dos tratados. No caso de conflito entre uma lei infraconstitucional interna e um tratado, as respectivas constituições preveem normas autoaplicáveis pelos juízes e tribunais domésticos, estabelecendo paridade hierárquica (exemplifica os casos dos Estados Unidos, Argentina, México e Portugal).

No terceiro grupo, temos o exemplo da constituição francesa de 1958, tida como paradigma, estatuindo em seu artigo 55: "os tratados e acordos regularmente ratificados ou aprovados possuem, desde sua publicação, autoridade superior à das leis, sob reserva, em cada caso, de aplicação pela outra parte", adotando assim, a chamada cláusula da reciprocidade. Inserem-se neste grupo também a constituição argentina, reformada em 1994, dotou os tratados sobre direitos humanos de hierarquia constitucional, somente podendo ser denunciados por 2/3 de cada casa legislativa, *quorum* também necessário para aprovação de futuros tratados sobre a mesma matéria, para que adquiram status constitucional.

No quarto grupo, encontramos a Constituição do Países Baixos, que prevê, no § 3º do artigo 93, os seguintes dizeres:

> (...) qualquer dispositivo de um tratado que conflite com a Constituição, ou que acarrete conflito com ela, deverá ser aprovado pelas Câmaras dos Estados Gerais, por votação de 2/3 de votos favoráveis.

53 SOARES. Guido Fernando Silva. *Curso de Direito Internacional Público*. São Paulo: Atlas, 2002, p. 43-5.1

No artigo 94, está escrito:

> (...) as leis em vigor no Reino não serão aplicáveis se tal aplicação estiver em conflito com dispositivos de tratados que são obrigatórios para todas as pessoas, ou de resoluções de instituições internacionais.

Por fim, reforçando o posicionamento de que prevalecem em maioria os países que adotam o disposto nas letras 'a' e 'b', Artur Cortez Bonifácio[54], juiz, professor e escritor, afirma que a maioria dos sistemas jurídicos, quando se refere aos tratados em geral, coloca-os no mesmo plano hierárquico das leis internas, fazendo incidir as máximas de interpretação usuais entre normas de mesmo nível. Cita dentre eles os ordenamentos jurídicos dos Estados Unidos, da Inglaterra, da Argentina, da Bélgica e da Áustria.

&

BRASIL & ARGENTINA: ***Na realidade, em relação à citada Argentina, bem como o Paraguai, o próprio autor Bonifácio conclui afirmando que ambas as Constituições destes países dão primazia às normas de direito internacional, com grau hierárquico superior às leis internas, mas inferior à Constituição Federal, à exceção dos Tratados de Direitos Humanos, os quais têm, na Argentina, hierarquia constitucional, conforme disposto em seu artigo 75, n. 22.***

No tocante ao aspecto tributário, centra-se a discussão acerca do aparente conflito entre o tratado em matéria tributária e a lei interna. Betina Treiger Grupenmacher[55], advogada e professora de direito tri-

54 BONIFÁCIO. Artur Cortez. O Direito Constitucional Internacional e a proteção dos Direitos fundamentais. São Paulo: Ed. Método, 2008, p. 39-47.

55 GRUPENMACHER. Betina Treiger. Tratados Internacionais em Matéria Tributária e Ordem Interna. São Paulo: Dialética, 1999, p. 122-131. Apud

butário, entende que a lei interna sucumbe diante do tratado, que é norma especial, considerando-se como tal porque modifica o conteúdo da lei geral interna. Exemplifica situação em que um tratado limita a incidência de um tributo, aplicando uma alíquota menor do que aquela prevista na lei interna. Reforça esta percepção referindo-se ao artigo 98 do Código Tributário Brasileiro, que determina posição de superioridade do tratado em relação à lei interna.

Antes de abordarmos diretamente a questão tributária nos tratados internacionais, é relevante considerar[56] que o estudo destes não pode ser dissociado do estudo da soberania. Manlio Undina[57] defendia a existência de limitações subjetivas e objetivas à tributação. Como limites subjetivos, a impossibilidade de um Estado tributar outras pessoas jurídicas de direito público internacional, inclusive agentes diplomáticos (na forma de tratados).

A liberdade de trânsito é um exemplo que comporta o direito de passagem através do território em tempos de paz, impedindo-se a tributação.

No tocante à questão da bitributação internacional, não se reconhece, de modo geral, a existência de um princípio de direito internacional a impedi-la, quando muito, se entende que é dever dos Estados buscar reduzi-la ou evitá-la.

Sobre a relação entre Direito Internacional e a matéria tributária, há três espécies de tratados[58] que versam sobre tal assunto:

1. Os tratados que tratam apenas da matéria tributária, ou seja, tributários em sentido estrito (como os que para evitar a dupla tributação);

56 SHOUERI. Luís Eduardo. *Tratados Internacionais na Ordem Jurídica Brasileira*. São Paulo: Ed. Aduaneiras, 2005, p. 201-205.

57 UNDINA. Manlio. *Il Diritto Internazionale Tributário*. Pádua: Cedam, 1949. Apud SHOUERI. Luís Eduardo. Tratados Internacionais na Ordem Jurídica Brasileira. São Paulo: Ed. Aduaneiras, 2005, p. 201-205.

58 VITA. Jonathan Barros. *Teoria Geral do Direito: Direito Internacional e Direito Tributário*. São Paulo: Ed. Quartier Latin, 2011, p. 336.

2. Os tratados não tributários, mas que direta ou indiretamente se relacionam com a matéria tributária (aqueles que qualificam, definindo institutos jurídico-tributários, delimitando o direito nacional, como os componentes do sistema GATT/OMC); e
3. Os tratados que, apesar de não serem tributários em sentido estrito, tratam diretamente da matéria (os que estabelecem isenções tributárias para o corpo consular).

Os principais objetivos dos tratados fiscais[59] são:

1. Em matéria de bem-estar, aumento da prosperidade das nações, aumento da produção mundial, remoção das barreiras ao comércio internacional, prevenção da dupla tributação da renda e a discriminação fiscal, bem como a excessiva tributação na fonte, além de garantir segurança aos contribuintes e aos administradores fiscais;
2. No que se refere aos aspectos fiscais em si, preservação das bases tributárias com menores distorções econômicas, prevenção da evasão fiscal e a troca de informações entre países;
3. Quanto às relações internacionais, fala-se em desenvolvimento das relações intergovernamentais, criação de um sistema multilateral com o uso de tratados bilaterais e a atração de investimentos internacionais.

No próximo capítulo, abordaremos especificamente a questão dos tratados internacionais em matéria tributária, no âmbito dos ordenamentos jurídicos do Brasil e da Argentina, especialmente no que concerne à tributação interna de ambos os países.

59 ALTMAN. Zvi Daniel. *Dispute Resolution under Tax Treaties*. Cambridge: Harvard University, 2005.)(Thesis – Doctor of Juridical Science), p. 171.

CAPÍTULO 6

HARMONIZAÇÃO TRIBUTÁRIA NA INTEGRAÇÃO REGIONAL: O CASO DO MERCOSUL

"Parece razoável afirmar que a gênese histórica da teoria da harmonização tributária internacional deflagrou-se entre os últimos anos da década de 1940 e o início da década de 1950, o que se deduz da verificação do período de publicação das primeiras obras sobre o tema"

— Teodorovicz

Neste capítulo, abordo especificamente a questão dos tratados internacionais em matéria tributária, no âmbito dos ordenamentos jurídicos do Brasil e da Argentina, especialmente no que concerne à tributação interna de ambos os países. Analiso o processo de harmonização tributária, suas variações conceituais e seus graus de aprofundamento. Apresento o seu desenvolvimento teórico, enriquecido pelas manifestações de reconhecidos autores de obras clássicas sobre a matéria.

HARMONIZAÇÃO LEGISLATIVA E SUA PROBLEMÁTICA CONCEITUAL

É fundamental que se analise as possibilidades de harmonização legislativa dentro de um contexto em que se verifique o nível de integração regional. No caso específico do Mercosul, para que se avance em seu processo de aproximação, a harmonização da legislação é crucial, considerando como necessária a modificação das legislações internas de cada Estado, de modo que se tornem o mais semelhante possível[60].

A uniformidade terminológica não é a tônica quando se fala sobre harmonização legislativa. Vários conceitos são utilizados, inclusive nas normas internacionais.

Na distinção entre estas espécies, Suzana Zalduendo[61] afirma que a **uniformização** significa a verificação de normas idênticas nos ordenamentos jurídicos e na **harmonização** visa-se à criação somente de normas semelhantes, para que não sejam obstáculos aos objetivos da integração.

Já Gabriela Pinheiro[62], analisando o processo de harmonização, em sede tributária, no sentido genérico, faz a distinção entre aproximação,

60 Há exemplos de harmonização legislativa tais como a Conferência de Haia para a unificação do Direito Internacional Privado, a Convenção de Viena sobre contratos internacionais, a Convenção para letras de câmbio e notas promissórias, Lei Modelo para a arbitragem internacional, Lei modelo sobe o comércio eletrônico e outras.

61 ZALDUENDO. Suzana. *Empresas Binacionales argentino-brasileña*. Buenos Aires: Depalma, 1999, p. 329.

62 PINHEIRO. Gabriela. *A fiscalidade direta na União Europeia*. Porto: Ed. Universidade Católica Portuguesa, 1998, p. 57-58.

harmonização (no sentido restrito) e coordenação. A **aproximação** constituiria a criação de uma base comum de princípios e regras, a **harmonização** uma menos ampla erradicação das disparidades e **coordenação** constituiria numa forma de colocar em concordância algumas regras específicas.

Edison Carlos Fernandes[63], por sua vez, apresenta a seguinte classificação para o processo de aproximação tributária: coordenação (cooperação), harmonização (sentido estrito) e uniformização. A **coordenação** se configuraria como a fixação de estratégias comuns entre os Estados que integram blocos ou mercados, visando ao estabelecimento de um certo equilíbrio entre suas disposições normativas, minimizando as diferenças mais acentuadas, mediante a adoção de medidas isoladas pelos Estados envolvidos. A **harmonização** seria construída por princípios legislativos comuns, redução ou eliminação de divergências entre normas de direito interno material, processual ou conflitual de ordenamentos jurídicos diferentes. Com relação à **uniformização**, far-se-ia mediante a edificação de relações jurídicas, sujeitando-as à mesma regulamentação. No aspecto tributário, seria igualar as legislações de determinado tributo nos aspectos estruturais e técnico-formais.

Para André Lupi[64], **harmonização** é gênero do qual unificação e coordenação são espécies. Argumenta que, na **uniformização,** não há apenas delimitação de objetivos, mas também a obrigatoriedade de adoção de um mesmo texto legislativo. Afirma ainda que a competência para promover a harmonização legislativa reside em todos os órgãos decisórios do bloco. Deste modo, tanto o CMC, manifestando-se através de decisões, como o GMC, por meio das suas resoluções, como o CCM, através de suas diretivas, podem promovê-la, dentro de seus âmbitos de competência material. Os Subgrupos de Trabalho também participariam do processo, lidando com temas específicos, sugerindo passos para a harmonização. O autor defende a ideia de que: "*O procedimento de harmonização legislativa pode incluir várias fases, dependendo da classificação adotada, dentre as quais, a fase de estudo das legislações de cada Estado, seguida das discussões e negociações para buscar suas semelhanças e diferenças, para depois reduzir ou excluir estas diferenças (ao menos as mais substanciais), até a redação da proposta de harmonização e sua aprovação pelas instituições do bloco*".

63 FERNANDES. Edison Carlos. Paz tributária entre as Nações: teoria da aproximação tributária na formação dos blocos econômicos. São Paulo: MP Editora, 2006, p. 125-126.

64 LUPI, André Lipp Pinto Basto. Soberania, OMC e Mercosul. São Paulo: Ed. Aduaneiras, 2001, p. 228-230.

Sérgio Papini de Mendonça Uchoa Filho[65] entende **harmonização**, em sentido amplo, como referindo-se a todas as formas de aproximação jurídica. Como instrumentos de harmonização, enumera os seguintes: a lei uniforme, as diretrizes e os princípios gerais. No primeiro caso, a **lei uniforme**, sua introdução seria mais fácil no direito interno, pois evitar-se-ia neste caso problemas de ordem constitucional relacionada com a divisão interna de competências nos entes federativos. Neste caso, como enfatiza Edison Carlos Fernandes, os signatários se obrigam a inserir o texto, tal como aprovado em convenção internacional, em seus ordenamentos jurídicos, recebendo tratamento de lei interna, como qualquer outra. Quanto às **diretrizes**, elas vinculam quanto ao programa a alcançar, não vinculando ao desempenho de conduta específica, mas resultados a serem perseguidos. Quanto aos **princípios gerais**, cita: segurança jurídica, respeito ao direito de defesa, proporcionalidade, boa-fé, interpretação dos tratados. Outros instrumentos indicados são os tratados multilaterais e outros instrumentos originários de organismos supranacionais tais como as decisões, pareceres e recomendações.

> *A doutrina está longe de ser unânime relativamente ao significado de termos tais como harmonização, coordenação, aproximação, convergência. Há consideráveis divergências entre os autores quanto às definições propostas de harmonização fiscal e coordenação fiscal.*

Paula Rosado Pereira[66], doutora em direito e professora em Lisboa, em sua análise quanto ao processo integrativo europeu, destaca que o grau de harmonização é condicionado, designadamente, pelas necessidades do desenvolvimento do processo de integração econômica comunitária. A harmonização não constitui um fim em si mesma, mas um meio (caráter instrumental) para alcançar os fins da União Europeia.

---

65 FILHO. Sérgio Papini de Mendonça Uchoa. Tributação, Comércio e Solução de Controvérsias Internacionais: A Função da OMC na Harmonização Tributária Internacional. São Paulo: Ed. Quartier Latin, 2011, pp.284, 285 e 287.

66 PEREIRA. Paula Rosado. A Tributação das Sociedades na União Européia: Entraves Fiscais ao Mercado Interno e Estratégias de Aceitação Comunitária. Lisboa: Ed. Almedina, 2004, p. 264-291.

Deste caráter instrumental, decorreria outra característica essencial da noção de harmonização fiscal, que consistiria em um caráter dinâmico e progressivo.

Nesta linha de raciocínio, o conteúdo da noção de harmonização fiscal e as necessidades de harmonização evoluem em sintonia com os avanços no processo de integração econômica europeia e com as novas metas que vão sendo definidas neste âmbito. A autora acrescenta que este caráter dinâmico tem sido mais evidente no tocante a harmonização dos impostos indiretos e impostos especiais de consumo. Na fiscalidade direta, tem-se verificado limitações impostas pelos Estados membros ao desenvolvimento desta harmonização fiscal.

Ainda como limitação ao processo harmonizador, ela aponta o fato de que a harmonização tem um profundo impacto na esfera dos Estados, com consequência nos níveis de receita fiscal e repercussões na esfera econômica. Este fato é encarado como limitação à sua autonomia no campo da condução das políticas estaduais a nível fiscal, econômico e mesmo social. Por isso, tenderia a ser forte a oposição às medidas de harmonização fiscal que consideram adversas aos seus interesses.

> *Outras controvérsias terminológicas surgem como a diferenciação entre 'aproximação' e 'harmonização', usados por vezes indevidamente como sinônimos, visto que o termo 'aproximação' é mais genérico, compreendendo os tópicos 'harmonização' e 'coordenação'*[67].

No que se refere à distinção conceitual entre harmonização e coordenação, a controvérsia doutrinária é mais complexa. Para Riccardo Mónaco[68], **coordenação** seria simplesmente eliminar contrastes, substanciais ou lógicos, sem implicar alterações de conteúdo das normas. A **harmonização** seria um sistema mais evoluído, com o objetivo de eliminar os obstáculos à produção de efeitos similares na aplicação

67 Neste sentido, Nicola Catalano preleciona: nuanças não descuráveis existem em sua significação. Porém, na interpretação dos textos, é preciso levar em conta o fato de que estes termos, muitas vezes, foram empregados como sinônimos (apud Faria,1995, p. 11).

68 MÓNACO. Riccardo. Comparison et rapprochement dês législations dans le marchê comum européen. Revue Internationale de Droit Comparé, 1960.

das normas, podendo-se atingir a substância das regras, mantendo-se a integridade estrutural de origem, aspecto fundamental na sua diferenciação do instituto da uniformização. Esta posição é criticada por Nicola Catalano, para quem seria difícil imaginar a coordenação de normas sem uma alteração de conteúdo das mesmas.

Contemporizando as duas posições, Eduardo Saldanha[69] conclui que a coordenação e a harmonização diferem basicamente na sua profundidade de atuação, vez que a **coordenação** está direcionada à consecução de objetivos comuns sem grande alteração no conteúdo das normas; a **harmonização**, por sua vez, busca objetivos comuns aceitando, entretanto, alterações mais profundas da norma, mas sem descaracterizar sua essência de origem. Afirma que "*o processo de integração, dependendo do grau e da sua profundidade, está diretamente ligado ao processo de harmonização legislativa para o seu desenvolvimento, e os ramos do direito que interfiram na atividade empresarial, comercial e econômica não fogem a esta regra. Nessa seara, então, devemos incluir, entre outras normas a serem harmonizadas, aqueles referentes ao direito comercial, do consumidor, econômico, e como no caso do presente estudo, ao Direito Tributário, sendo que, neste último caso, o ponto inicial de harmonização são os tributos incidentes sobre a atividade econômica*".

Existem aqueles que, como José Souto Maior Borges,[70] discorrendo sobre esta questão, do ponto de vista do direito comunitário, entendem conceitos como harmonização e uniformização, existindo de forma paralela e distinta. Para ele, **harmonizar** é compatibilizar, não uniformizar. A **uniformização** imprime uma só forma, compatibilizando no grau mais elevado. Neste sentido, o conceito de harmonização é menos amplo do que o de uniformização. Nas suas palavras: "*E sem embargo quem harmoniza, integra*". Mais adiante, conclui: "*A harmonização das normas tributárias intra-estatais entre si e com as da comunidade, em nome da igualdade e da liberdade, é o mais aglutinante dos princípios de direito comunitário*".

Renata Fialho de Oliveira[71] faz uma distinção interessante no tocante à existência de tipos de harmonização. Neste sentido, existiriam as

---

69 SALDANHA. Eduardo. Harmonização Legislativa Tributária: no Mercosul e na União Européia. Curitiba: Juruá Editora, 2008, pp. 130 e 197.

70 BORGES, José Souto Maior. Curso de Direito Comunitário. São Paulo: Ed. Saraiva, 2005, p. 449-450.

71 OLIVEIRA. Renata Fialho de. *Harmonização Jurídica no Direito Internacional*. São Paulo: Quartier Latin, 2008 (apud Vita Jonathan Barros. Teoria Geral do Direito: Direito Internacional e Direito Tributário.São Paulo: Ed. Quartier Latin, 2011,p. 193).

modalidades de harmonização dirigida (formal e informal), espontânea e indireta. A primeira espécie, **harmonização dirigida**, resultaria do interesse e esforço de dois ou mais Estados para a criação do direito harmonizado. A segunda, **harmonização espontânea**, seria representada por um tratamento de reciprocidade, em que os países acordantes efetuam concessões esperando algo em troca. Exemplos dessas espécies seriam os tratados-contratos, como o Tratado de Assunção. A **harmonização indireta** resultaria de documentos de direito uniforme e trabalhos comparatistas para leis nacionais, resultantes de processos históricos tais como fusão, federação e ocupação de novos territórios.

Em suma, no processo de integração econômica, a harmonização das legislações nacionais é necessária e, fundamentalmente em modelos como o Mercosul, em que a integração se constrói, pelo menos até o presente momento, em atividades essencialmente econômicas, o sentido lógico aponta para que se dê precedência a áreas jurídicas relacionadas às atividades econômico-empresariais[72].

Em estudo referente a preços de transferência, no Mercosul, Eliana Lamarca Simões Peres[73] define a harmonização das legislações como uma tentativa de neutralizar a diversidade existente nos diferentes ordenamentos jurídicos dos Estados Membros quanto ao preço de transferência, através da fixação de alíquotas aproximadas ou uniformes e da definição de critérios de formação de bases de cálculo, reduzindo a autonomia fiscal dos Estados, mas propiciando o desenvolvimento do processo de integração. No caso do Mercosul, tendo como objetivo atingir o nível de mercado comum, assume a convicção de que é imprescindível uma aproximação das legislações internas, as quais exigiriam até mesmo reformas constitucionais.

Na falta de órgãos supranacionais e de instrumentos normativos vinculantes, a equação do problema dar-se-ia através da assinatura de tratados bi ou multilaterais, que mantivessem a possibilidade não só da aproximação legislativa dos países membros, mas a precisão de rodadas políticas periódicas que mantenham esse interesse. Neste ponto, conclui pela dificuldade de se implementar a integração regional através da harmonização das legislações, pela dificuldade de aceitação

---

72 Coelho (1999) corrobora esta ideia ao prescrever que "a harmonização pressuposta do desenvolvimento do processo de integração refere-se a um campo normativo bem restrito e delimitável. A construção do mercado comum, em suma, depende fundamentalmente de um "direito-custo harmonizado. Isto é, a integração legislativa diz respeito às normas jurídicas que interferem direta ou indiretamente nos custos de produção e demais atividades econômicas.". (COELHO, 1999, p. 51).

73 PERES. Eliane Lamarca Simões. *O Preço de Transferência e a Harmonização tributária no Mercosul*. Rio de Janeiro: Ed. Lumen Juris, 2002, p.163-166.

de modificações nos sistemas internos por entidades supranacionais, pois este fato significaria redução da receita pública nacional e também perda da autonomia nacional em matéria tributária.

A autora Eliana Peres aponta ainda a existência de dois sistemas de harmonização das legislações mediante acordos internacionais: o da lei uniforme e o da convenção integrada. No primeiro caso, a **lei uniforme**, as partes se obrigam a introduzir em seus territórios lei uniforme que constitui anexo da convenção. No segundo, a **convenção integrada**, o próprio texto da convenção contém a lei uniforme.

Outro aspecto da questão seriam os efeitos da neutralidade dos sistemas tributários. Para harmonizar esta neutralidade, seria necessária a unificação das normas tributárias, para que o ônus fiscal total suportado pela pessoa jurídica seja substancialmente semelhante, que se trata de investimento interno ou transnacional (comunitário), para que eventuais conflitos não sejam capazes de proporcionar distorções econômicas.

Por fim, conclui que a maior dificuldade enfrentada pelo Mercosul é a falta de um direito comunitário (contendo diretivas, decisões etc.) que vincule seus Estados Membros, considerando a diversidade dos respectivos sistemas tributários. Ressalta a ausência de qualquer grau de supranacionalidade a leitura dos artigos 38 e 42 do Protocolo de Ouro Preto, que sujeitam as normas expedidas pelos Estados Membros à incorporação nos ordenamentos jurídicos nacionais, conforme determinação de cada texto constitucional.

BRASIL & ARGENTINA: Neste sentido, a Constituição Argentina (na revisão de 1994) avança no processo de facilitação da integração regional, ao estabelecer que os tratados internacionais têm hierarquia superior às leis. A Constituição Paraguaia admite a existência de uma ordem jurídica supranacional em seu artigo 137. No entanto, nas constituições brasileira e uruguaia, não se verifica qualquer menção à supranacionalidade.

Ainda no plano da aproximação tributária, Sérgio Papini de Mendonça Uchoa Filho, Mestre em Direito Econômico, Financeiro e Tributário, afirma com muita precisão que, no exame dos sistemas tributários, é fundamental tomar como premissa o fato de que eles diferem não apenas em sua estrutura de incidência e cobrança, mas na utilização que é dada a esta estrutura (o uso extrafiscal dos tributos). Por isso, afirma o autor, a aproximação das ordens tributárias tem se limitado a acordos internacionais pontuais (acordos para evitar a bitributação) ou de amplitude restrita (acordos destinados a coordenação, harmonização ou uniformização regionais).

Acrescenta ainda importante aspecto no que ele chama de dois conceitos contemporâneos, em princípio, contraditórios: harmonização fiscal e concorrência fiscal.

> *Diante da concorrência fiscal, os sistemas tributários acabaram se tornando cada vez mais semelhantes, a fim de se tornarem competitivos na atração de atividades econômicas.*

HARMONIZAÇÃO TRIBUTÁRIA E SEU DESENVOLVIMENTO TEÓRICO

O surgimento e desenvolvimento da teoria da harmonização tributária teve forte influência dos estudos sobre a integração econômica regional, iniciados na Europa e nos Estados Unidos da América. As evidências indicam que esse processo se iniciou entre o final da década dos anos 40 do século XX e o início da década seguinte. Carl Shoup, economista americano e especialista em finanças públicas, coordenou uma coletânea sobre esta matéria, em levantamento bibliográfico, na qual aponta as principais obras anteriores ao seu estudo. Teodorovicz, inspirado na obra de Carl Shoup, localiza historicamente o início e evolução histórica da harmonização tributária internacional: "*Parece razoável afirmar que a gênese histórica da teoria da harmonização tributária internacional deflagrou-se entre os últimos anos da década de 1940 e o início da década de 1950, o que se deduz da verificação do período de publicação das primeiras obras sobre o tema: ....*"

No Brasil, o primeiro trabalho dedicado exclusivamente a este assunto foi publicado por Henry Tilbert, sob forte influência da obra de Shoup. Estas obras buscam fundamentalmente apresentar os fatores teóricos que formataram um novo modelo de finanças públicas.

Eventos e outras obras colaboraram neste esforço de construção da harmonização dos sistemas tributários, especialmente na América Latina, tais como: "As Jornadas Latino-Americanas de Direito Tributário", os Estudos organizados pelo Banco Interamericano de Desenvolvimento – BID, pela Organização para Cooperação Econômica e Desenvolvimento – OCDE, Organização dos Estados Americanos – OEA e Centro Interamericano de Administrações Tributárias – CIAT. Evidencia-se pelo contexto histórico que esses estudos tiveram influência dos processos integrativos observados globalmente.

A matéria despertou vivo interesse da parte dos financistas que, por sua vez, imprimiram grande desenvolvimento à matéria, destacando-se dentre eles, segundo Tilbert, além dos estudos de Shoup, os de Cesare Cassiani, da Universidade de Roma, J. Tinbergen, da Universidade da Nederlande Hogeschool, em Roterdam, e Fritz Newmark, da Johann Wolfang Goethe Universitaet, de Frankfurt.

Na doutrina europeia, Bujanda[74] fez levantamento bibliográfico, destacando principalmente a obra de Cesare Cosciani, que aprofundou estudos sobre os problemas tributários ocorridos na formação do mercado comum europeu, apesar de sua investigação centrar-se essencialmente no foco econômico. O início do trabalho do financista italiano pode ser identificado na obra *Problemi Fiscali del Mercato Comune*, em que aparecem já esboçados os problemas e soluções em torno das quais iria se preocupar a literatura europeia posterior.

No aspecto jurídico da integração em matéria tributária, no âmbito europeu, dois estudos encomendados pela Comunidade Econômica do Carvão e do Aço – Ceca – e pela Comunidade Econômica Européia – CEE - destacam-se: *O Relatório Tinbergen* e o *Relatório Newmark*. Teodorovicz ensina que o primeiro estudo técnico publicado foi o Relatório Tinbergen, resultado dos estudos elaborados por comissão formada por estudiosos e técnicos, presidida pelo célebre economista Jan Tinbergen.

O documento publicado em 1953; levantou algumas premissas básicas que poderiam auxiliar na reestruturação tributária dos países membros da comunidade, apontando dois caminhos possíveis para

74 BUJANDA. Sainz de. *Sistema de Derecho Financiero. Análisis Estructural del Derecho Financiero*. Ramos del Derecho público con sectores proyectados sobre La matéria financiera. Tomo I. Volume 2. Madri: Faculdad de Derecho de La Universidad Complutense, 1985, p. 571.

alcançar a tributação harmonizada (sobretudo em relação aos tributos incidentes sobre operações de circulação de bens e serviços):

1. Tributação no país de destino;
2. Tributação no país de origem.

Com o advento do Tratado de Roma, através do qual se estruturou a CEE, seus artigos 95 a 99 estabeleceram o princípio da tributação no destino, prevendo também a necessidade de a Comissão Europeia examinar a forma como os impostos indiretos poderiam ser harmonizados para a construção de um mercado comum. Com base no artigo 99, surgem as primeiras diretivas com objetivos de harmonizar os tributos, dando início a um processo normatizador na comunidade, no tocante à tributação sobre o consumo.

O Relatório Tinbergen mostrou a necessidade de se viabilizar a harmonização tributária no âmbito da CEE e, neste sentido, foi convocado o Comitê Fiscal e Financeiro – CFF -, composto por estudiosos do tema, presidido pelo financista Fritz Newmark, a fim de verificar as características dos sistemas tributários europeus, suas diferenças e as alternativas, visando formalizar uma estrutura tributária comunitária que levasse ao progresso integrativo da CEE. Finalizado em 1962, ficou conhecido como Relatório Newmark, em homenagem ao presidente do CFF. O **método de harmonização tributária** proposto pelo CFF, segundo Sainz, baseou-se nas seguintes questões:

a) A necessidade de corrigir as desigualdades nas estruturas dos países da CEE;

b) As distorções tributárias que deveriam ser estudadas a fundo, pois estas evidenciaram alguns dos principais obstáculos à harmonização dos impostos indiretos. Nesse contexto, entendeu o CEF que a harmonização tributária deveria começar pela eliminação das distorções gerais originárias do imposto sobre vendas e das distorções particulares ocasionadas pelos impostos específicos sobre o consumo;

c) O CFF não considerou necessária a harmonização dos tributos diretos (incidentes sobre o patrimônio e a renda), mas julgou conveniente a adoção de medidas destinadas a evitar a dupla tributação internacional, bem como a harmonização das formas de tributação sobre dividendos e juros, na primeira fase da harmonização tributária europeia, na segunda fase, era perceptível que a harmonização tributária de impostos diretos detinha também papel fundamental para os objetivos do Comitê Newmark, como era conhecido o CFF. Desta forma, dever-se-ia primeiro harmonizar os tributos indiretos, na primeira fase, e numa segunda fase, harmonizar os diretos.

Estabeleceu-se então um cronograma em que seria desenvolvido o **processo harmonizador dos sistemas tributários europeus**, em três fases. Na **primeira fase**, deveriam ser adotadas medidas relacionadas às seguintes matérias principais:

a) Imposto sobre vendas e seus objetivos a serem considerados: supressão do imposto múltiplo em cascata; substituição do imposto cumulativo pelo imposto sobre o valor agregado ou por impostos monofásicos; preparação do imposto incidente na etapa do comércio ao varejo; supressão das fronteiras fiscais para o imposto sobre vendas; unificação das regras de isenção para os impostos específicos sobre o consumo;

b) Imposto sobre lucros ou dividendos e seus objetivos a serem considerados: viabilização da harmonização das técnicas de tributação sobre dividendos;

c) Dupla tributação e seus objetivos a serem considerados: prevenção da dupla tributação através da adoção da Convenção Modelo da OCDE, para evitar a bitributação sobre rendas e capitais na CEE, pelo menos em um primeiro momento.

Na **segunda fase**, foram fixadas as seguintes medidas:

a) Entrada em vigor de m novo imposto sobre o lucro das sociedades;

b) Harmonização do imposto de renda;

c) Aprovação do acordo multilateral que evitaria a dupla tributação sobre rendas e capitais;

d) Supressão de impostos específicos sem relevância arrecadatória.

Nesta fase sugeriu-se também a aproximação das estruturas e modalidades do imposto sobre sucessões, bem como estudar a possibilidade de transformar o imposto sobre patrimônio em complemento do imposto de renda, implementando ainda a harmonização dos impostos sobre consumo específicos que não pudessem ser extintos.

Na **terceira fase**, o Comitê sugeriu que, após a entrada em vigor de algumas medidas preparatórias da segunda fase, fosse instituído um serviço comum de informação, com o escopo de aumentar o controle e a fiscalização administrativa por parte dos países membros, bem como a criação de fundos para a compensação financeira decorrente da necessidade da repartição de receitas nos países membros, criando-se também um Tribunal Especial.

Relevante observar que, ainda que a harmonização dos tributos diretos fosse fundamental no Relatório Newmark, o que ocorreu na realidade foi a concentração de esforços no âmbito da harmonização dos impostos indiretos, através da elaboração de diretivas comunitárias voltadas essencialmente à harmonização do Imposto sobre o Valor Agregado - IVA - principal imposto sobre o consumo europeu.

Mencionemos ainda como relevante, no campo da construção teórica dos fundamentos da harmonização tributária internacional o já citado Carl Shoup, que dividiu sua obra em dois volumes: **o primeiro** foi dedicado às construções teóricas ligadas à teoria da harmonização fiscal; **o segundo**, direcionou-se a resolução de problemas práticos da harmonização, fundamentando também cientificamente a construção de uma política fiscal harmonizadora. Realizado na Universidade de Columbia, nos EUA, iniciou-se em 1962 e foi concluído em 1965.

Teodorovicz[75] considera o seu trabalho *Fiscal Harmonization in common markets*, juntamente com o *Relatório Newmark* as duas principais obras sobre a matéria até o momento, alertando que a obra de Shoup

75 SHOUP, Carl (ed.). Fiscal harmonization in common markets. Volume I: Theory. Nova Iorque e Londres: Columbia University Press, 1967; SHOUP, Carl (ed). Fiscal harmonization in common markets.Volume II: Practice. Nova Iorque e Londres: Columbia University Press, 1967 (Teodorovicz, 24, p. 108, rodapé 32)

deve ser considerada a mais importante, academicamente, para os estudos da harmonização tributária internacional, tendo em vista que fixou os fundamentos de uma nova teoria no campo das finanças públicas.

Outro importante documento no campo tributário aplicado à integração econômica foi o "Programa Conjunto de Tributação OEA-BID", desenvolvido no âmbito da Organização dos Estados Americanos e Banco Interamericano de Desenvolvimento, com a colaboração da CEPAL. Além de diversas pesquisas no tocante a aproximação dos sistemas tributários, nos países componentes da Alalc, o programa possibilitou a edição do "Modelo de Código Tributário para a América Latina", organizado por Giuliani Fourouge, Ramon Valdés Costa e Rubens Gomes de Sousa [76] [77]. O Programa Conjunto de Tributação publicou estudo técnico destinado a levantar as principais características da administração tributária nos sistemas tributários da América Latina e o Projeto de Harmonização Tributária para aquela região.

Ainda nesta linha de pesquisa, foram realizadas, com apoio do Programa Conjunto, duas conferências: sob a denominação de "Reforma Tributária para a América Latina", a primeira abordando questões de administração tributária, em 1961, na Argentina, e outra sobre política tributária, em 1962, no Chile, objetivando criar um conjunto de orientações para o desenvolvimento da região, possibilitando um entrosamento através dos sistemas tributários latino-americanos.

Teodorovicz[78] menciona outras pesquisas mais recentes sobre a teoria da harmonização tributária, tais como:

1. O Informe sobre a harmonização dos impostos gerais sobre o consumo no Mercosul. Uma Comissão técnica foi designada, em 1993, para estudar os impostos indiretos existentes nos quatro

---

76 TEODOROVICZ, Jeferson. A importância histórica da codificação para os sistemas tributários latino-americanos e os modelos de Códigos Tributários para a América Latina. (Revista Direito Tributário Atual n° 23). Coordenação dos professores Alcides Jorge Costa, Luís Eduardo Shoueri e Paulo Celso Bergstrom Bonilha. São Paulo: Instituto Brasileiro de Direito Tributário – IBDT/ ED. Dialética, 2009, p. 214-237. COSTA, Ramón Valdés. A Codificação Tributária na América Latina. Direito Tributário: estudos em homenagem ao prof. Ruy Barbosa Nogueira. Coordenação de Brandão Machado. São Paulo: Saraiva, 1984.p. 241-242.

77 Reforma Tributária para a América Latina. III. Modelo de Código Tributário. Preparado para el Programa Conjunto de Tributación OEA/BID. Unión Panamericana. Secretaria General, Organización de los Estados Americanos, Washington, D.C, Primera Edición, 1967 y Segunda Edición, 1968.

78 TEODOROVICZ. Jeferson. *História da Harmonização Tributária Internacional: entre a doutrina e a política*. (Revista Direito Tributário Atual n° 28). São Paulo: Ed. Dialética, 2012.

membros do Mercosul, Brasil, Uruguai, Paraguai e Argentina, com o objetivo de identificar as diferenças entre os sistemas tributários destes países e elaborar propostas de harmonização tributária com a finalidade de alcançar o "mercado comum". O Relatório Final foi denominado "*Informe sobre La armonización de los impuestos generales al consumo en el Mercosur*".;

2. O *Ruding Committee*, organizado no seio da União Europeia, em 1992, sobre a viabilidade de uma proposta de harmonização dos tributos diretos entre os países europeus. O Comitê tinha como objetivo averiguar a conveniência de eventual política de harmonização tributária dos impostos diretos, combatendo a distorção decorrente das diferenças de legislação, principalmente em relação ao imposto de renda da pessoa jurídica, nos sistemas tributários europeus;

3. A bibliografia e jurisprudência europeias, as normativas comunitárias (Diretivas sobre o IVA);

4. Estudos técnicos do BID sobre harmonização tributária dos impostos indiretos na Comunidade Andina das Nações. A verificação da possibilidade de harmonização do IVA vinha sendo objeto de negociações no âmbito da Comunidade Andina desde 1998. Com o apoio do BID, foi editado o Acordo denominado "Harmonização dos Impostos Indiretos", assinado por Bolívia, Colômbia, Equador, Peru e Venezuela. Os procedimentos para harmonizar os impostos indiretos foi consolidado com a aprovação das Decisões 599 e 600, da Comissão da Comunidade Andina, sobre "Harmonização de Aspectos Substanciais e Procedimentos Tipo Valor Agregado e Harmonização de Impostos Seletivos de Consumo (IVA e impostos seletivos);

5. Estudos publicados pelo Centro Interamericano de Administrações Tributárias – CIAT -, com o intuito de harmonizar os sistemas tributários dos seus países membros. Além de publicar estudos de especialistas na matéria, sob seus auspícios foram elaborados os "Modelos de legislação-padrão", com a finalidade de fornecer Standards para a harmonização tributária dos seus países membros.

[illegible] Nacional [illegible] Brasil [illegible]

[illegible]

2. O Brasil [illegible]

[illegible]

3. [illegible]

4. [illegible]

[illegible]

CAPÍTULO 7

CONSTRUÇÃO DA HARMONIZAÇÃO TRIBUTÁRIA NO MERCOSUL

> *"Entre as fragilidades do Mercosul avulta a sua estrutura institucional, que não permite a adoção de normas que se incorporem diretamente nas ordens jurídicas dos Estados -partes e criem direitos e obrigações em favor dos particulares"*
>
> — Faria

Neste capítulo vou abordar as questões envolvendo a harmonização tributária no Mercosul. Vou desde o marco jurídico inicial, ressaltando as dificuldades iniciais, o avanço da integração e a importância da harmonização mercosulina.

O MARCO JURÍDICO INICIAL

O fundamento jurídico básico do processo de harmonização legislativa no Mercosul é o artigo 1º do Tratado de Assunção, que estabelece o compromisso dos Estados-partes de harmonizar suas legislações, nas áreas pertinentes, para lograr o fortalecimento do processo de integração. No Protocolo de Ouro Preto, artigos 24 e 25, firma-se o comando de que a Comissão Parlamentar Conjunta do Mercosul coadjuvará na harmonização das legislações, sendo-lhe conferida competência para realizar estudos no sentido de harmonizar as legislações dos estados partes e propor normas de direito comunitário. Exibe ainda mencionado protocolo que o processo de harmonização pode ser efetivado por iniciativa do Grupo do Mercado Comum, através de proposta endereçada ao Conselho do Mercado Comum, através de apresentação de projetos, para que este delibere sobre a matéria.

A dificuldade inicial que se apresenta diz respeito ao atrelamento das normas de integração mercosulinas aos ditames do Direito Internacional Público, edificadas como convenções internacionais. Os artigos 38 e 42 do Protocolo de Ouro Preto explicitam esta realidade[79].

79 Art. 38. Os Estados-partes comprometem-se a adotar todas as medidas necessárias para assegurar, em seus respectivos territórios, o cumprimento das normas emanadas dos órgãos do Mercosul previstos no art. 2 deste Protocolo. (...) Art. 42. As normas emanadas dos órgãos do Mercosul, previstas no art. 2 deste protocolo, terão caráter obrigatório e deverão, quando necessário, ser incorporadas aos ordenamentos jurídicos nacionais mediante os procedimentos previstos pela legislação de cada país.

A harmonização da legislação mercosulina depende pois da incorporação das normas emanadas de seus órgãos institucionais. Este sério entrave é enfatizado por Werter Faria, jurista, pacifista e visto como amigo da natureza, argumentando que:

> Entre as fragilidades do Mercosul avulta a sua estrutura institucional, que não permite a adoção de normas que se incorporem diretamente nas ordens jurídicas dos Estados –partes e criem direitos e obrigações em favor dos particulares. Os atos de todos os órgãos que possuem capacidade decisória surgem no consenso dos representantes dos Estados-partes, tal como os Tratados internacionais, e como estes vinculam-nos, obrigam-nos a executá-los de boa-fé. As normas constantes das decisões do Conselho Mercado Comum e das diretrizes da Comissão de Comércio do Mercosul que impliquem a alteração do direito dos Estados-partes não se inserem automaticamente nos seus ordenamentos jurídicos. Incorporam-se na medida em que, se for necessário, que os parlamentares nacionais as aprovem". (FARIA, 1995, p. 11)

Neste sentido, como bem assevera Clementino[80], em termos de integração regional, a intergovernabilidade é um mecanismo disfuncional. Fazendo um paralelo com as relações condominiais, também caracterizadas pelo interesse comum, é como se as deliberações da assembleia geral de um condomínio horizontal, para serem cumpridas por um condômino, tivessem que ser submetidas a um novo processo decisório dentro de sua unidade autônoma.

A ratio da integração como conceito repousaria no contexto relacional que se estabelece entre direito nacional e o direito comunitário, de franca primazia do segundo em relação ao primeiro. No tocante às dificuldades de implementação da supranacionalidade pelo Mercosul, admite que isto não se deve a obstáculos em si, mas de um foco de resistência político para que não o seja, diante das dificuldades culturais de conciliação sobre as perdas políticas e econômicas imediatas que aparecem em qualquer processo de ruptura de modelo.

80 CLEMENTINO, Marco Bruno Miranda. *Harmonização Tributária, Integração Regional e Constituição*. Porto Alegre: Sergio Antonio Fabris Editor, 2009.

É relevante observar que, nos países componentes do Mercosul, pode-se detectar as diferenças no que concerne à posição hierárquica dos tratados internacionais.

> **BRASIL & ARGENTINA:** ***No caso uruguaio, a Constituição não define a posição hierárquica dos tratados internacionais. No Paraguai, os tratados possuem hierarquia superior às leis, mas inferiores à Constituição. Na Argentina, os tratados se impõem sobre o direito interno infraconstitucional.***

O processo de integração mercosulino pressupõe, pois, a harmonização legislativa, sem a qual não progredirá no seu estágio de União Aduaneira, rumo ao Mercado Comum.

> *O fato de que o Mercosul não atingiu o estágio de harmonização tributária, revela também que no atual degrau de integração e situação política interna observados no Brasil, Argentina, Paraguai e Uruguai, seria inviável promover ajustes profundos nas legislações tributárias nacionais, com vistas ao Mercosul.*

O mais fácil seria regular as dessemelhanças, que atravancam o processo integracionista, através de acordos, convenções e protocolos internacionais, disciplinando a inter-relação tributária e fiscal entre os parceiros.

Em termos de direito comparado, a União Europeia possui instrumento normativo (a diretiva) que possibilita a harmonização da legislação [81]. A diretiva é um ato comunitário, restrito, vinculativo e

81 O art. 189 do Tratado de Roma estatui: Art. 189. A diretiva vincula o Estado membro destinatário quanto ao resultado a alcançar, deixando, no entanto, às instâncias nacionais, a competência quanto à forma e aos meios.

obrigatório aos Estados membros, sem, portanto, um instrumento básico para a harmonização legislativa. No direito comunitário europeu, o que ocorre é que o estado membro transfere poder legislativo para o ente comunitário, possibilitando alterações no direito interno em benefício de normas tendentes à integração. Ainda assim, os estados membros mantêm certa autonomia para preservar os meios próprios para a implementação destas normas comunitárias.

Como expõe Marco Bruno Miranda Clementino[82], mestre e doutor em direito, no campo tributário, a equalização dos níveis de concorrência intrabloco é designada neutralidade fiscal. O objetivo é que a tributação seja um fator neutro na tomada de decisões econômicas relevantes, porque o marco regulatório, neste aspecto, é idêntico. Mais adiante preconiza que a harmonização tributária é um conceito que pressupõe a noção de ajuste nas estruturas tributárias, a fim de reduzir assimetrias entre dois ou mais sistemas nacionais.

TRIBUTOS E O PROCESSO INTEGRACIONALISTA

Nesta linha de raciocínio, Marco Bruno Miranda Clementino acrescenta, a diferença na carga tributária num processo integracionista pode gerar distorções de duas espécies: nas condições normais de concorrência entre produtores já estabelecidos na região (**tributação indireta**), bem como nas condições para a localização de novos investimentos propiciados pela ampliação do mercado em nível regional (**tributação direta**). O autor defende que as experiências de integração regional têm mostrado uma necessidade maior quanto à harmonização nos tributos indiretos, especialmente no consumo.

Na União Europeia, as medidas de integração preponderantemente têm como objeto essa base tributável. Para ele, a maximização das liberdades na circulação dos fatores de produção (mercadorias, pessoas, serviços e capitais), especialmente quanto aos patamares de concorrência entre os agentes econômicos, tem como pressuposto a neutralidade do consumo.

Ainda quanto aos tributos indiretos, aponta outras duas questões que podem ser consideradas sensíveis: os incentivos fiscais e os aspectos estruturais das espécies tributárias. E por fim, o próprio Tratado de Roma

---

82 CLEMENTINO, Marco Bruno Miranda. *Harmonização Tributária, Integração Regional e Constituição*. Porto Alegre: Sergio Antonio Fabris Editor, 2009, p. 83.

traz, em diversos de seus dispositivos, a fundamentação normativa para que se processe a harmonização legislativa. Eduardo Saldanha resume e comenta a importância e repercussão destes dispositivos para que se alcance a harmonização legislativa, discorrendo:

> Os arts. 100(alterado pelo Art. 18º do Ato Único Europeu) 101 e 102 do Tratado de Roma disciplinam, fundamentalmente, o procedimento para se chegar à harmonização legislativa. Em resumo, coligem que, caso a Comissão verifique a existência, entre as legislações, dispositivos regulamentares ou administrativos dos Estados-membros, de assimetrias que possam macular a concorrência, impedir o bom andamento do processo de integração, ou simplesmente, obstar as liberdades fundamentais, consultará os Estados em causa para eliminá-las. Caso dessa consulta não resulte acordo, o Conselho, sob proposta da Comissão, deliberará por maioria qualificada e adotará as diretivas necessárias. O art. 101 demonstra a preocupação em harmonizar para evitar distorções, e o art. 102 busca evitar que a adoção de alteração ou reformulação legislativa, por parte de um Estado-membro possa causar distorções, subordinando tais adoções à consulta da Comissão, que emitirá parecer quanto a evitar possíveis assimetrias. (SALDANHA, 2008, p. 130).

No que se relaciona à matéria tributária, especificamente os artigos 27 e 99 tratam, respectivamente, da harmonização das normas aduaneiras e das legislações referentes ao imposto sobre o valor agregado e outros tributos. No tocante à questão tributária, no âmbito do Mercosul, a consolidação da aproximação tributária está prevista programaticamente no art. 1º do Tratado de Assunção, o qual prevê a adoção das seguintes medidas: supressão dos gravames aduaneiros no comércio entre os Estados partes, fixação de atributos comuns para os Estados Partes em seu comércio respectivo com Estados Terceiros, a partir do estabelecimento da TEC e da harmonização dos sistemas tributários como meio para lograr o objetivo da livre circulação de bens, serviços e fatores produtivos, próprios da fase de mercado comum.

Apesar da adoção da TEC, o que existe atualmente na integração mercosulina é uma união aduaneira imperfeita, pois existem listas de exceções (lista de produtos elaboradas pelos Estados Partes, cuja comercialização extrazona é aplicado regime distinto da TEC). Isto se explica pela necessidade de alguns países protegerem contra a competição externa produtos sensíveis tais como bens da área de informática e de telecomunicações.

Há necessidade de avançar no processo integrativo e somente assim, como preconiza Clementino, haverá também a necessidade de conciliar a tributação interna sobre a produção, circulação e consumo de bens e serviços e sobre a renda das pessoas físicas e jurídicas. No entanto, nada impede que a integração avance por meio da conciliação da tributação interna. A relevância da harmonização dos tributos indiretos para a integração regional é destacada pelo mesmo autor:

> As experiências de integração regional têm mostrado uma necessidade maior quanto à harmonização nos tributos indiretos, especialmente no consumo. Mesmo na União Europeia, indiscutivelmente um exemplo de integração bem-sucedido, as medidas de integração preponderantemente têm como objetivo essa base tributável. Isso porque a neutralidade no consumo é pressuposto para a viabilização dos objetivos no mercado comum, de maximização das liberdades na circulação dos fatores de produção (de mercadorias, de pessoas, de serviços e de capitais), especialmente quanto aos patamares de concorrência entre os agentes econômicos. (CLEMENTINO, 2009, p. 158).

No art. 7º do Tratado de Assunção é possível identificar o objetivo primordial de garantir a livre concorrência entre os mercados que se encontram em processo de integração, como também a prioridade do procedimento harmonizador dos tributos indiretos. Discorrendo sobre isso, Fernandes afirma: "*Essa visão tem importância direta e marcante em relação ao processo de integração dos sistemas impositivos, já que tenderá a harmonizar, prioritariamente, os tributos incidentes sobre o consumo, deixando os tributos patrimoniais, principalmente aqueles ligados à propriedade, a cargo dos respectivos sistemas nacionais e, quanto ao imposto sobre a renda manter-se-á o atual mecanismo de evitar a dupla tributação através de tratados internacionais específicos*"[83].

83 FERNANDES. Edison Carlos. *Sistema Tributário do Mercosul: o processo de harmonização das*

A conjuntura econômica é elemento essencial em termos de influência na harmonização tributária, pois influencia a vontade dos Estados. As razões específicas da complexidade imponível ao processo de harmonização tributária, segundo Susana Ferro e Gilberto Santamaria, podem ser:

1. Excessivo número de impostos;
2. Câmbios demasiados na legislação fiscal;
3. Multiplicação excessiva de normas e ditames internos reguladoras dos processos fiscais;
4. Falta de unificação e coordenação tributária;
5. Ausência de cultura tributária.

Mais adiante, daremos continuidade à abordagem do processo de harmonização tributária no Mercosul, direcionando então nosso enfoque aos procedimentos necessários à harmonização dos tributos internos, em vigor no Brasil e na Argentina, incidentes na importação de bens e serviços.

legislações tributárias. São Paulo: Editora Revista dos Tribunais, 2001, p. 92-212. *Apud* VASCONCELOS, Roberto França de. Aspectos Econômicos dos Tratados Internacionais, in Revista de Direito Tributário Internacional. São Paulo: Ed. Quartier Latin, 2005, p. 197-198.

EVOLUÇÃO DO FEDERALISMO FISCAL BR/AR

CAPÍTULO 8

DESENVOLVIMENTO TEÓRICO DO FEDERALISMO FISCAL E SISTEMAS TRIBUTÁRIOS

"(I) as pessoas devem pagar tributos na proporção de sua renda e riqueza; (II) os tributos devem ser certos e não arbitrários (certeza); (III) os tributos devem ser cobrados de forma mais conveniente, prática e simples (comodidade); (IV) os custos da imposição e da arrecadação dos tributos devem ser mínimos (economia); (V) os tributos têm que ser não somente simples e práticos, mas também internacionalmente competitivos (competitividade internacional)"

— Luiz Dias Martins Filho

O desenvolvimento teórico em relação às condições de repartição de competências e receitas, bem como os princípios fundamentais sobre os quais se devem assentar os sistemas fiscais, são temas discorridos neste capítulo, de forma a basear a apresentação da estruturação dos federalismos fiscais argentino e brasileiro.

O FENÔMENO DO FEDERALISMO FISCAL

O federalismo[84] é atualmente um dos temas mais discutidos e controvertidos entre os estudiosos do assunto. Refere-se a forma de distribuição de poder político-administrativo, refletindo fundamentalmente a questão da centralização e/ou descentralização de competências e atribuições entre entes federados.

O federalismo é considerado muito mais do que repartição de funções e recursos, incluindo a conciliação entre unidade e diversidade, as formas em que se difunde a autoridade ou o poder, e a factibilidade do exercício da autonomia pelas partes. Com a distinção entre a forma federal de governo e a forma unitária, é possível identificar uma marcante concentração do poder de decisão em um só nível de governo, apesar da existência de subunidades territoriais[85].

Em termos históricos, parece possível afirmar que a natureza jurídica do Estado Federal encontra raízes na Grécia antiga, em que as cidades-estado constituíam associações políticas permanentes com órgãos comuns e instituições orgânicas, nos termos estipulados no pacto federal. No entanto, o sistema grego mais se assemelhava a uma Confederação, observando que a democracia vigente, em especial em Atenas, baseava-se em um sistema de atribuições e res-

84 Segundo Dallari (2001), o Estado Federal surge originalmente na Constituição Norte-Americana de 1787.

85 ASENSIO. Miguel Angel. Federalismo Fiscal: Fundamentos. Analisis Comparado y el Caso Argentino.Buenos Aires: Universidad del Salvador, 2000, p. 33 a 162.

ponsabilidades, aproximando-se, portanto, de um pacto federativo entre as diferentes cidades-estado, apesar dos conflitos e rivalidades existentes entre elas.[86]

O federalismo alemão é citado como relevante marco histórico, institucionalmente instalado a partir de 1871, e constituído por vários Estados-membros, chamados de Länder, os quais eram dotados de autonomia política, administrativa e financeira, respondendo também pelas competências legislativas, executivas e judiciais, incluindo a existência de Assembleias Legislativas próprias nos entes regionais e órgãos de administração regionais.[87]

Segundo Miguel Angel Asensio[88], nos sistemas federais, a autoridade política e o poder de decisão estão divididos entre dois ou mais conjuntos ou esferas autônomas de governo iguais em hierarquia, uma nacional e outras subnacionais, todos operando diretamente sobre o povo em seus respectivos âmbitos. Normalmente, esta divisão está plasmada constitucionalmente, sendo que o governo federal exerce autoridade sobre o conjunto do território nacional, no tocante a certas competências próprias e os governos estaduais ou provinciais exercendo autoridade independente sobre outro conjunto de matérias em seus próprios territórios.

Incluindo três eixos fundamentais[89], o federalismo fiscal remete para as relações entre atribuição de impostos, distribuição intergovernamental do gasto público e principalmente as transferências intergovernamentais, afirma Sérgio Prado. Rogério Leite Lobo[90] entende o federalismo fiscal como fenômeno mais abrangente do que o simples relacionamento financeiro entre os entes da federação. Segundo ele: "*O federalismo fiscal desenvolve-se na verificação da compatibilidade entre encargos administrativos cometidos aos entes federados e as rendas destinadas a cada qual para o imprescindível custeio, além de remeter diretamente aos cânones*

86 BERTI. Flávio de Azambuja. Federalismo Fiscal: questões contemporâneas. São Paulo: Editora Quartier Latin do Brasil, 2007, p.19-21.

87 SILVEIRA. Cláudia Maria Toledo. *Pacto Federativo*. Organização de José Luiz Quadros de Magalhães. Belo Horizonte: 2000, p. 72-73.

88 ASENSIO. Miguel Angel. *Federalismo Fiscal: Fundamentos. Analisis Comparado y el Caso Argentino.Buenos Aires*: Universidad del Salvador, 2000, p. 33 a 162.

89 PRADO. Sérgio. *Equalização e federalismo fiscal: uma análise comparada: Alemanha, Índia, Canadá, Austrália*. Rio de Janeiro: Konrad Adenauer Stifung, 2006, p. 15.

90 LOBO. Rogério Leite. *Federalismo fiscal brasileiro: discriminação das rendas tributárias e centralidade normativa*. Rio de Janeiro: Lumen Juris, 2006, p. 71.

da isonomia e da autonomia, e, indiretamente, a vários outros valores e princípios (solidariedade, democracia, proporcionalidade, subsidiariedade etc.) que lhe são tangentes".

ESTADO E SUAS CONFIGURAÇÕES

Para José Maurício Conti, mestre, doutor e livre-docente em Direito Financeiro pela USP[91], a organização de um Estado é influenciada por fatos econômicos, sociais, culturais, políticos, históricos, geográficos, religiosos e outros, estando estes coordenados de forma diversificada para cada grupo social, fazendo surgir, portanto diferentes formas de federação. Conti critica a classificação dos Estados a partir das categorias 'centralização' e 'descentralização' para designá-los como unitários e federais, observando que atualmente todos os Estados possuem algum grau de descentralização, concluindo que o mais adequado é classificar os Estados conforme seus graus de descentralização previstos em sua organização. Neste sentido, ele propõe a seguinte classificação:

- **Estados de 1º grau**. São Estados em que há apenas uma esfera administrativa, sem qualquer tipo de descentralização. É de se admitir que seria cabível apenas em casos de Estados com mínima extensão territorial, como é o caso, por exemplo, do Vaticano, de Mônaco e outros casos análogos;
- **Estados de 2º grau**. São Estados que estabelecem dois graus de descentralização. Há uma unidade superior, responsável pelos bens e serviços de interesse de toda a comunidade, e outras entidades descentralizadas, responsáveis pelos bens e serviços de interesse regional.
- **Estados de 3º grau**. São aqueles que estabelecem três graus de esferas administrativas, cada uma responsável pelo fornecimento de bens e serviços em determinada área de atuação, conforme delimitação estabelecida pela Constituição, como ocorre no Brasil;

91 CONTI. José Maurício. *Considerações sobre o Federalismo Fiscal Brasileiro em uma Perspectiva Comparada*, in Federalismo Fiscal – questões contemporâneas, Orgs.(José Mauricio Conti, Fernando Facury Scaff e Carlos Eduardo Faraco Braga).São José (SC):Editora Conceito Editorial, 2010, p. 17; e, Federalismo e Fundos de Participação. 1. Ed. São Paulo: Juarez de Oliveira, 2004, p. 08.

- **Estados de 4º grau e sucessivos**. Denominar-se-iam os Estados conforme os diversos graus de esferas administrativas criadas em sua organização, na forma estabelecida pela Constituição. Teríamos, desta forma, Estados de 4º grau, caso neles existissem quatro esferas administrativas. Seria de 4º grau, por exemplo, um Estado que se organizasse estabelecendo a esfera administrativa superior e central, a União, esferas administrativas regionais, como Estados-membros que, por sua vez, seriam divididos em Regiões Metropolitanas, e estas subdivididas em Municípios.

José Augusto Moreira de Carvalho[92], mestre e doutor em Direito Financeiro classifica os Estados, segundo seu grau de descentralização política, legislativa e administrativa em:

- **Unitário**, sendo aquele em que o poder político é exercido única e exclusivamente pelo governo central;
- **Unitário descentralizado**, onde o poder central é quem decide a forma e o nível de descentralização, seja ela administrativa, legislativa ou política;
- **Estado constitucionalmente descentralizado** onde o nível de descentralização não é estabelecido pelo governo central, mas sim pelo Poder Constituinte;
- **Federal**, representando uma forma de o Estado se estruturar, de maneira que cada ente que lhe compõe possa exercer sua autonomia (ainda que relativa) e participar da vontade da Federação.

PRINCÍPIOS E CONCEITOS DE FEDERALISMO FISCAL

Para caracterizar o Estado federal, José Augusto Moreira de Carvalho, enumera alguns de seus principais elementos:

92 CARVALHO. José Augusto Moreira de. Federalismo e Descentralização: Características do Federalismo Fiscal Brasileiro e seus Problemas, in Federalismo Fiscal – questões contemporâneas, Orgs.(José Mauricio Conti, Fernando Facury Scaff e Carlos Eduardo Faraco Braga).São José (SC):Editora Conceito Editorial, 2010, p. 56.

1. A existência de dois ou mais entes federados;
2. Descentralização política, administrativa e financeira previstas na Constituição;
3. Indissolubilidade;
4. Repartição de competências entre os entes federados;
5. Presença de uma Constituição rígida;
6. Autonomia política, administrativa e financeira dos entes federados;
7. Participação dos entes federados na formação da vontade nacional;
8. Presença de um órgão judicial com a função de exercer o controle de constitucionalidade das leis.

Ademais, o autor elenca ainda o que denomina de princípios fundamentais do federalismo fiscal:

- **Princípio do benefício**: as necessidades públicas devem ser atendidas pelas esferas governamentais, correspondentes à magnitude ou especificidade da demanda;
- **Princípio da compensação fiscal**: uma decisão governamental que leva em consideração apenas seus próprios interesses pode causar consequências positivas ou negativas aos demais entes federados. Estas consequências são definidas como "externalidades" e a compensação é normalmente viabilizada por intermédio das transferências fiscais intergovernamentais, por meio das quais a esfera central de governo desloca recursos financeiros a estados e municípios. Pode ocorrer, também, que tais transferências se iniciem nos estados e se direcionem aos municípios.
- **Princípio da distribuição centralizada**: Entende-se por este princípio, que toda atividade que tenha por finalidade a redistribuição de renda deve estar concentrada em mãos da esfera central de governo, uma vez que ela é quem terá condições de direcionar com maior eficiência essa ação.

Baseado em tudo já exposto e com a concordância de alguns autores já citados, a distribuição de receitas e encargos, refletindo na forma de organização de um Estado é questão a ser mais explorada no âmbito jurídico. Existem várias teorias que divergem sobre a extensão, forma e intensidade da intervenção do Estado na vida social. Há aquelas que defendem participação mínima e outras que defendem um Estado mais intervencionista. Independentemente da teoria que se queira adotar, o que se observa nos Estados modernos é uma significativa intervenção do Estado nas atividades sociais e econômicas. Veremos alguns conceitos de federalismo e federação:

- "A fórmula histórico-programática de composição política que permita harmonizar a coexistência, sobre idêntico território, de duas ou mais ordens de poderes autônomos, em suas respectivas esferas de competência" - (CONTI, 2012, p. 399).
- "A noção de federação (latim: foedus, eris, aliança, associação, ou pacto) vincula-se à idéia de união, de modo permanente, de dois ou mais Estados em um só, o Estado Federal. Os Estados-Membros ou federados conservam a sua autonomia interna, debaixo, porém, da autoridade central, a União ou Estado federal. E esta união é materializada na Constituição Federal." - (CASTRO, 1985, p. 46).
- "Federalismo fiscal é o conjunto de problemas, métodos e processos relativos à distribuição de recursos fiscais em federações, de forma tal que viabilizem o bom desempenho de cada nível de governo no cumprimento dos encargos a ele atribuídos". - (PRADO, 2006, p. 15).

Ainda que se considere a distinção tradicional dos tipos de Estado em Unitário e Federal, Conti reconhece a existência moderna de uma terceira figura: a "confederação", esta última não constitui um Estado federal, mas uma união de Estados soberanos. Neste caso, a manutenção da soberania é o que caracteriza as unidades confederadas, podendo ser dissolvida, diferentemente da federação, que tem como aspecto fundamental a indissolubilidade.

O autor ainda argumenta que a autonomia dos entes federados é característica essencial dos Estados na forma federativa. Esta autonomia abrangeria três aspectos: **autonomia política, autonomia administrativa** e **autonomia financeira**. A primeira compreenderia a competência para legislar sobre temas de seu interesse, a segunda, dotar-se o ente de administração com órgãos próprios e a terceira, dispor dos recursos que lhe competirá gerenciar.

> *Sem dúvidas, a manutenção de qualquer espécie de Estado, seja ele unitário ou federal, necessita de um sistema de financiamento de suas funções e, dentre elas a arrecadação tributária é inequivocamente a principal fonte de recursos em praticamente todos os Estados modernos.*

No Estado federal, estes recursos são partilhados entre os entes federados. Esta partilha é classificada em dois grandes grupos[93]:

a) Repartição das fontes de receita;

b) Repartição do produto da arrecadação.

No primeiro, são estabelecidas previamente as regras que distribuem as diversas fontes de receita entre o poder central e as unidades subnacionais. Esta distribuição é normalmente rígida, estabelecida nos textos constitucionais (como ocorre no Brasil), atribuindo a cada ente federado a competência sobre cada espécie tributária (por exemplo, imposto, taxa, contribuição). Esta competência é privativa quando exercida de forma exclusiva. Existem, entretanto espécies tributárias de competência comum como as taxas, em que poder tributante pode ser exercido por qualquer dos entes federados.

No segundo grupo, as várias formas de transferências intergovernamentais são exercidas, ajustando a distribuição de recursos, de forma a reduzir as imperfeições, propiciando maior equidade e eficiência na partilha de recursos, e corrigindo-se os desequilíbrios verticais e horizontais existentes na Federação, que inevitavelmente estariam presentes se adotado somente o sistema de partilha de fontes de receita. Estas transferências intergovernamentais são:

93 CONTI. José Maurício. *O Estado e o Imposto: Federalismo Financeiro, in Lições de Fiscalidade* (Coord. De João Ricardo Catarino e Vasco Branco Guimarães) Coimbra: Edições Almedina S.A., 2012, p. 396.

> Repasses de recursos financeiros entre entes descentralizados de um Estado, ou entre estes e o Poder Central, com base em determinações constitucionais, legais ou, ainda, em decisões discricionárias do órgão ou entidade concedente, com vistas ao atendimento de determinado objetivo genérico (tais como, a manutenção do entre encargos e rendas ou do equilíbrio inter-regional), ou específico (tais como, a realização de um determinado investimento ou a manutenção de padrões mínimos de qualidade em um determinado serviço público prestado). (GOMES, 2007, p. 70)

PRINCÍPIOS FUNDAMENTAIS DOS SISTEMAS FISCAIS

Uma primeira dificuldade que se apresenta é a definição de sistema. Para Borges[94], o conceito é ambíguo. Recorrendo a Kant, preleciona: "Por sistema entendo a unidade das formas diversas do conhecimento, sob uma só ideia".

Em termos doutrinários tal definição implica esta conclusão: **só é possível lograr a análise de cada parte integrante do sistema, em virtude da sua inserção no todo (unidade)**. As implicações sistemáticas são, mais claramente, inter-relações normativas (relações semântico-sintáticas-pragmáticas) no interior do ordenamento.

> *A forma como são construídos os sistemas tributários constituem dos mais relevantes instrumentos através dos quais são possibilitadas uma melhor distribuição da riqueza e renda e redução das desigualdades sociais.*

João Ricardo Catarino[95] coordenador científico das disciplinas de Finanças Públicas, de Fiscalidade, de Políticas Financeiras e Gestão Orçamental e de Administração financeira e política fiscal em Portugal, aponta três eixos fundamentais prévios nesta construção: a **liberdade**, a **centralidade da pessoa humana** e **a ideia de justiça** e suas manifestações.

94 BORGES, José Souto Maior. *Sobre o Todo e suas Partes no Sistema Tributário Nacional* (Revista Dialética de Direito Tributário n° 218). São Paulo: Editora Dialética, 2014, pgs. 107-108

95 CATARINO. João Ricardo. *Lições de Fiscalidade*. Coimbra: Edições Almedina, 2012, pgs.15-44.

Sobre a **liberdade**, em suas palavras: "*A liberdade supõe a criação de condições sociais para a realização integral do homem, requer que lhe seja socialmente reconhecida uma ampla margem de ação, e exige que se respeitem certas condições mínimas de existência*".

No mesmo pensamento, o segundo eixo seria **o ser humano**, pois ele é a raiz, o limite e a razão do sistema de poder instituído e, em consequência, do financiamento público. No campo da fiscalidade significa que o sistema fiscal deve ser estruturado visando atender as necessidades da pessoa humana, considerando ainda suas aspirações sociais de aperfeiçoamento e desenvolvimento pessoal, repercutindo também no coletivo.

O terceiro eixo seria a **justiça e suas manifestações** baseando-se no interesse social e na satisfação do bem comum, defendendo-se os interesses coletivos e satisfazendo valores sociais, no contexto de uma ordem moral ou jurídica inserido em texto assegurador dos princípios fundamentais constitutivos da sociedade política.

Por fim, há a necessidade de três ordens de princípios fundamentais para alicerçar os sistemas fiscais[96]

1. **Princípios fiscais constituídos a partir de valores fundacionais da ordem social**, que seriam aqueles inerentes à ideia de Estado democrático de direito, de soberania popular e distribuição equitativa do poder político, caracterizado pela liberdade, divisão dos poderes e controle da autoridade pública;
2. **Princípios sistemáticos do próprio direito fiscal**, compreendendo os princípios relativos a liberdade, proibição de excesso, dignidade da pessoa humana, igualdade, não discriminação, consideração da família, aprofundamento da ideia de "justiça social", igualdade e capacidade contributiva.";
3. **Princípios legais específicos de direito tributário**, onde se integram os princípios operativos dos princípios enunciados, como sejam os relativos aos pressupostos dos tributos, aos fins da tributação, à garantia de acesso à justiça tributária, ao respeito da garantia de um rendimento livre que acautele uma existência condigna, à solidariedade dos encargos familiares, ao favorecimento do emprego, aos estímulo da poupança, à

96 CATARINO. João Ricardo. *Lições de Fiscalidade*. Coimbra: Edições Almedina, 2012, pgs.15-44.

delimitação das matérias sujeitas ao princípio da legalidade tributária, ao acesso à justiça, à tributação do rendimento real e efetivo, entre outros.

O verdadeiro papel dos sistemas tributários transformou-se ao longo do tempo. Não mais resume-se a dar amparo jurídico à obtenção de meios financeiros pelo poder público, tendo este o intuito de satisfazer as necessidades públicas. Os objetivos finais a serem alcançados por estes sistemas são atualmente bem mais amplos. De acordo com Catarino, os fins dos sistemas fiscais alargaram-se por duas razões principais: O alargamento dos fatos da vida sujeitos a imposto ou simplesmente alargamento das bases tributárias, e o alargamento dos fins próprios da política fiscal, que se prestam atualmente a alcançar fins gerais de interesse coletivo. Dentre esses fins gerais, assegurar a igualdade de oportunidades, realizar ajustes nas desigualdades e na distribuição do rendimento e da riqueza.

Nesta linha de pensamento, os sistemas tributários enfrentam, atualmente, embates a vencer, em seus respectivos processos construtivos. São eles são os seguintes[97]:

1. **Aspecto Fiscal**: que o tributo gere um ingresso suficiente em qualquer situação;
2. **Aspecto econômico**: que não trave a produção nacional;
3. **Aspecto social**: que se distribua equitativamente;
4. **Aspecto administrativo**: que seja arrecadado com menos custo, maior comodidade, menor dificuldade tanto para o Estado quanto para os contribuintes.

A construção de sistemas tributários implica analisar opções de adoção das espécies tributárias. Adam Smith, em sua obra "*A Riqueza das Nações*" estabeleceu quatro grandes princípios que levariam a um melhor exercício do poder de tributar: sendo eles:

97 VILLEGAS. Héctor B. *Manual de Finanzas Públicas*. Buenos Aires: Ediciones De Palma Buenos Aires, 2000, p. 296-297.

> (I) as pessoas devem pagar tributos nas proporções de sua renda e riqueza; (II) os tributos devem ser certos e não arbitrários (certeza); (III) os tributos devem ser cobrados de forma mais conveniente, prática e simples (comodidade); (IV) os custos da imposição e da arrecadação dos tributos devem ser mínimos (economia).". Afirma ainda existir atualmente um quinto princípio: "(V) os tributos têm que ser não somente simples e práticos, mas também internacionalmente competitivos (competitividade internacional). (FILHO, 2007, p. 57).

Já um estudo divulgado pelo BID[98] sugere quais são os três fatores que condicionam um sistema tributário:

> (1) o modelo de inserção internacional; (2) o nível e a qualidade do gasto público e sua sustentabilidade; e (3) o desempenho da administração tributária. Acrescenta ainda mencionado estudo existirem uma série de características desejáveis nos sistemas tributários, quais sejam: "(a) suficiência para arcar com os gastos públicos, com ênfase na sustentabilidade fiscal; (b) eficiência, evitando-se as distorções dos mercados de bens , serviços e fatores que gerem perdas de bem-estar (como excesso de carga) na economia; (c) equidade horizontal, igual tratamento para contribuintes de igual nível de renda, e equidade vertical, que possibilita àqueles com maiores níveis de renda pagar impostos proporcionalmente a suas rendas, com base nos princípios do benefício auferido e da capacidade contributiva; (d) simplicidade, que facilita a aplicação do sistema tributário. Sugere ainda o estudo que, em decorrência da integração econômica internacional, nos âmbitos regional e sub-regional, deve-se agregar mais uma característica que seria a coordenação dos sistemas tributários de um Estado com a de seus principais sócios comerciais. (FILHO, 2007, pp. 57-58).

No que concerne às espécies tributárias, ou figuras básicas de um sistema tributário, é interessante a conclusão de que há um consenso relativo entre os estudiosos das finanças públicas de que um sistema

98 BARRIEUX, Alberto; VILLELA, Luiz; ROCA, Jerônimo. Integracion y comercio em America – impacto fiscal de La liberalización comercial em America. Washington, DC: Banco Interamericano de Desarollo, Departamento de Integracion y Programas Regionales, Nota Periódica, enero 2004, p. 1.

tributário moderno e eficaz, que procure cumprir mais ou menos satisfatoriamente suas finalidades essenciais, deve conter certas figuras tributárias básicas, nas seguintes modalidades[99]:

a. Uma série de tributos fundamentais para o sistema, os quais possam imprimir justiça e alcançar a suficiência, tais como:

    - Imposto de renda das pessoas físicas e das sociedades comerciais (que gravam fundamentalmente as receitas, no caso do Brasil, imposto de renda das pessoas jurídicas) e imposto geral sobre o montante de bens e serviços, tal como ocorre com o IVA argentino;

    - Outras figuras tributárias complementares das anteriores, servindo como espécie de controle sobre elas, bem como ajuste relativamente aos seus alcances. Refere-se ao imposto sobre patrimônio líquido das pessoas físicas e impostos que gravam a transmissão gratuita de bens (sucessões e doações);

b. Um grupo de impostos secundários, apesar de seu potencial arrecadatório, que cumpram finalidades regulatórias e de ordenação econômica, tais como os impostos específicos (sobre produtos suntuários ou nocivos ou sobre determinados bens que não sejam de primeira necessidade). Enumera também nesta categoria os impostos do comércio exterior (incidentes sobre exportação e importação de bens e serviços);

c. Outro grupo de tributos que se baseiam no princípio do benefício, que gravam a riqueza, de forma a sustentar os custos sociais. Neste caso se enquadram os tributos que financiam o sistema de seguridade social, com retribuição, pelo menos em parte dos beneficiários das prestações.

Agora vamos partir para discutir sobre as características fundamentais do sistema tributário argentino, pois apesar de estarmos geograficamente tão próximos e das semelhanças que nos unem, apresentamos aspectos diferenciados no sistema tributário ao longo do tempo.

---

99 CASANOVA. Gustavo J. Naveira de. *Régimen Tributario Argentino*. Buenos Aires: Editora Abeledo Perrot, 2010, p. 22.

CAPÍTULO 9

FUNDAMENTOS E EVOLUÇÃO DO FEDERALISMO FISCAL ARGENTINO

> *"Para harmonizar as relações financeiras no Estado, criou-se um sistema de atribuições e repartições de receitas tributárias por meio de um Convênio Multilateral entre os entes federativos, o qual estabelece uma renúncia de competências tributárias para as Províncias em favor da Nação, em troca de receitas distribuídas"*
>
> — Héctor B. Villegas

Neste capítulo vamos percorrer e refletir sobre as características fundamentais do sistema tributário argentino, seus princípios constitucionais e distribuição de competências impositivas, suas diferenças e semelhanças.

ORIGENS E CARACTERÍSTICAS DO SISTEMA TRIBUTÁRIO ARGENTINO

Na Argentina, o federalismo fiscal tem suas origens na Constituição de 1853, possuindo raízes históricas e políticas no Congresso de Tucumã, de 1819, momento no qual se opuseram as correntes unitária e federal[100]. Ademais, as competências atualmente previstas são específicas do Poder Central e existem também competências específicas do Poder Regional, representado pelas províncias, todas elas dotadas de Executivo e Legislativo próprios, bem como competências concorrentes, partilhadas entre a União e as províncias[101].

As enormes distâncias entre as cidades e as dificuldades dos meios de comunicação são apontadas por alguns autores como causas originárias do federalismo argentino. Esta distância teria permitido que cada cidade tivesse certa autonomia, exercendo influência em sua área de jurisdição[102].

As origens da federação argentina são elencadas por Garcia[103], afirmando ele ainda que, após a revolução de 1810, as províncias argentinas foram se formando, passando estas a editar suas próprias leis e constituições. As influências exercidas sobre a formação do federalismo argentino[104] conduzem ao entendimento de que a federação atual é um

---

100 BARACHO, José Alfredo de Oliveira. *Teoria Geral do Federalismo*. Rio de Janeiro: Forense, 1986, p. 209-210.

101 BERTI. Flávio de Azambuja. *Federalismo Fiscal: questões contemporâneas*. São Paulo: Editora Quartier Latin do Brasil, 2007, p.19-21.

102 FRONDIZI. Silvio. *El federalismo en La República Argentina en los sistemas federales del continente americano*. México: UNAM y Fondo de Cultura Económica, 2002.

103 GARCIA. Jorge I.. *El federalismo argentino en lecturas jurídicas*, n. 20, México, Jul/Set, 1964, p. 5.

104 MATIENZO. José Nicolás. *El Gobierno representativo federal en La República Argentina*. Ma-

resultado da evolução da massa social, a qual, na medida em que foi se integrando, foi se tornando heterogênea, por influência de forças naturais, dentre as quais deve-se considerar os precedentes governativos e inclinações políticas herdadas da Espanha.

Jorge Garcia apoia-se em Alberti, para quem os antecedentes da federação argentina são:

a. as diversidades e rivalidades provinciais,

b. os períodos de isolamento e inclusive de independência provincial que ocorreram durante a revolução,

c. as diferenças de solo, clima e hábitos entre as províncias,

d. as enormes distâncias entre uma província e a outra,

e. a falta de um sistema de comunicações,

f. a existência de governos provinciais, e de administração da justiça local,

g. o princípio de autonomia que a Revolução de Maio reconheceu às províncias,

h. o sistema municipal colonial,

i. a impossibilidade de reduzir sem violência as províncias que abandonassem os direitos já adquiridos,

j. os tratados celebrados pelas províncias durante o período de isolamento,

k. o provincianismo monetário, cujo antecedente mais remoto foi Buenos Aires, e,

l. o acordo das províncias, efetuado em San Nicolás em maio de 1852 e o que ratificou o pacto de 1831, que consagrou o princípio da forma federal de governo.

Finalizando análise sobre as causas originárias do federalismo argentino[105].

---

drid: Editorial América, s.f., p. 61.

105 TARQUINI. Maria Celia Castorina de. *Federalismo e Integración*. Buenos Aires: Sociedad Anónima Editora, Comercial, Industrial y Financiera, 1997, p.46-47.

Historicamente, as constituições de 1819 e 1826 definiram-se como unitárias, em que o Presidente da República concentrava em suas mãos o governo das províncias, suprimindo destas a autonomia, que haviam antes possuído. Silvio Frondizi, já citado,-lembra que a Constituição de 1819 nem sequer menciona os governadores de província, nenhuma disposição estabelece sobre o governo das províncias e também silencia o funcionamento dos entes municipais, não fazendo qualquer alusão também aos prefeitos.

A Constituição de 1826 prevê a existência dos conselhos de administração nas províncias, caracterizando assim, um leve toque de descentralização e assemelhando-se às juntas departamentais mexicanas de 1836[106]. Neste momento histórico, as províncias começam a utilizar o sistema de pactos, culminando com o Pacto Federal de 04/01/1831, que tinha sido originariamente firmado pelos governadores de Buenos Aires, Entre-Rios e Santa Fé, com a adesão posterior de Corrientes e outras províncias argentinas.

Em 1853, a Constituição argentina foi promulgada e, em seu artigo 1º, declarou ser o país uma república federal. No Pacto de 11/11/1859, a província de Buenos Aires se incorpora à federação argentina e aceitou que fossem propostas reformas constitucionais, que foram confirmadas pela Convenção reunida em Santa Fé, em 1860, em que foram suprimidos o juízo político aos governadores, a revisão das constituições locais pelo Congresso e a faculdade atribuída à Corte Suprema para conhecer os conflitos internos das províncias

Adotando o regime federativo em seu artigo 1º, a Constituição argentina estabelece um governo federal, com divisão de poderes territoriais com as províncias, as quais podem exercer todos os poderes que não sejam atribuídos ao governo federal pela própria Constituição. Estas províncias têm autonomia administrativa, instituições e órgãos próprios, autonomia política, podendo eleger governadores e legisladores, nos termos dos artigos 121 e 123.

Relevante ressaltar que, conforme artigos 125 e 126 da Carta argentina, as províncias podem celebrar tratados parciais, os quais não podem ser de natureza política, nem lhes concedem competência em matéria de relações internacionais. Ademais, o Congresso argentino deve conhecer e analisar esses acordos, podendo aprová-los ou não.

---

106 CARPIZO. Jorge. *Federalismo en latinoamerica*. México: UNAM, Instituto de Investigaciones jurídicas, 1973, p. 23.

BRASIL & ARGENTINA: ***A federação argentina é dividida em três níveis de governo: o federal, o regional (províncias) e o local (municípios). De forma similar à sistemática brasileira, existe na Argentina o sistema de participação de entes políticos na arrecadação tributária de outros entes (inclusive por meio de fundos, nos termos da Lei 23548). Este mecanismo denomina-se "coparticipación tributaria", estando regulado nos termos do inciso 2 do artigo 75 da Constituição, na redação que lhe foi dada pela reforma de 1994.***

Hernández[107] defende a existência de quatro níveis de governo na federação argentina, conforme disposições constitucionais: o governo federal (artigos 44 a 120 da segunda parte), os governos das províncias (artigos 121 a 128 da segunda parte), o governo autônomo da cidade de Buenos Aires (artigo 129, título segundo da segunda parte, tendo natureza de cidade-estado, distinta das províncias e dos municípios) e os governos municipais autônomos (artigos 5 e 123).

Sobre o relacionamento entre os entes federais, o autor também ensina que existem as relações de subordinação (artigos 5 e 31) que estabelecem a supremacia da Constituição Nacional, de participação (das províncias e cidade de Buenos Aires no governo federal, especificamente no Senado Federal) e de coordenação, que é a delimitação das competências dos governos federal, provinciais e da cidade de Buenos Aires. No tocante ao sistema fiscal, sua estruturação se baseia na relação funções-recursos, e as competências divididas entre um ente central e outras entidades descentralizadas.

107 HERNÁNDEZ. Antonio María. Federalismo, autonomía municipal y ciudad de Buenos Aires en La reforma constitucional de 1994. Buenos Aires: Ediciones De Palma, 1997, p. 26-27.

A situação institucional argentina no tocante à distribuição dos poderes fiscais apresenta-se incrustada na figura do Estado, na condição de ente soberano, e as províncias, que conformaram o Estado Nacional. Neste sentido, Villegas[108] preleciona que as provincias são autónomas e os municipios aparecem como pessoas jurídicas declaradamente autónomas, mas, na realidade, subordinadas às leis e constituições províncias.

As competências tributárias no sistema tributário argentino na Constituição de 1853 estavam plasmadas, essencialmente, em seus artigos 4º e 67, apesar das referências em outros dispositivos. O citado artigo 4º, juntamente com o artigo 75, incisos 1,2 e 3 representam o que, atualmente, na Constituição de 1994, Asensio[109] denomina de dispositivos chaves, os quais extravasam as características fundamentais do sistema fiscal argentino, quais sejam (reproduzo apenas aquelas de caráter estritamente tributário):

1) Separação das fontes entre impostos aduaneiros, entendidos como exclusivamente nacionais e os outros impostos, que competem direta ou indiretamente à Nação e às Províncias;
2) O estabelecimento de competências concorrentes da Nação e das Províncias para instituir contribuições indiretas;
3) O estabelecimento da co-participação na arrecadação tributária.

Os princípios fundamentais do sistema tributário argentino são muito similares àqueles que norteiam o sistema brasileiro. Há uma característica comum, que é a centralização de recursos no poder central, com o enfraquecimento das unidades subnacionais.

108 VILLEGAS. Héctor B. Curso de Finanzas, Derecho Financiero y Tributario. Buenos Aires: Editorial Astrea, 2009, pgs. 289-793.

109 ASENSIO. Miguel Angel. Federalismo Fiscal: Fundamentos. Analisis Comparado y el Caso Argentino.Buenos Aires: Universidad del Salvador, 2000, p. 33 a 162.

PRINCÍPIOS CONSTITUCIONAIS TRIBUTÁRIOS ARGENTINO

Da carta fundamental argentina pode-se extrair alguns princípios que a doutrina especializada sinaliza como dignas de apresentação. **O princípio da legalidade** está exposto no artigo 19 que estatui "nadie puede ser obligado a hacer lo que La ley no manda ni privado de lo que ella no prohíbe".

No âmbito estritamente tributário, este princípio apresenta-se no artigo 4º, 17 e 75, incisos 1º e 2º. Na sistematização deste princípio de reserva legal, a distinção entre duas modalidades de legalidade se apresenta como:

1) A **reserva absoluta da lei**, que exige que a totalidade das normas tributárias substantivas sejam reguladas exclusivamente por lei e
2) A denominada **reserva relativa ou atenuada**, que exige lei tão somente no tocante aos elementos fundamentais.

Em ambos os casos, a criação do tributo deve ser efetivada por lei, sendo que, na reserva absoluta, todos os aspectos relativos à existência, à estrutura, ao fato gerador, à base de cálculo, às isenções, às alíquotas etc. devem ser definidos em lei e, na reserva relativa, exige-se previsão legal apenas dos elementos fundamentais, tais como sujeitos e fato imponível.

A irretroatividade da lei tributária é outro princípio relevante no ordenamento jurídico-tributário argentino. O artigo 3º do Código Civil prevê que as leis não têm efeito retroativo, salvo disposição em contrário. Ademais, a retroatividade não poderá afetar direitos amparados por garantias constitucionais.

Em termos de direito comparado, mencione-se a constituição dos Estados Unidos da América, a qual, no âmbito de seu artigo 1º proíbe o Congresso de editar leis ex post facto, proibição esta válida inclusive para os Estados Membros, conforme dispõe o mesmo dispositivo. A irretroatividade da norma tributária caminha em estreita correlação com os princípios da certeza e segurança jurídica, por sua vez compreendidos no princípio da legalidade.

Rodolfo Spisso[110] ensina que o **princípio da certeza** impõe uma ordem nacional, a fim de que as normas tributárias sejam claras, completas e precisas, como forma de eliminar a confusão e a desordem, muitas vezes exacerbadas pela parcialidade fiscalista dos órgãos encarregados da aplicação da lei. Nas palavras de Jarach[111], "*é da ideia de certeza se deriva que a lei tributária, necessariamente, deve ser anterior ao fato escolhido por ela para fazer nascer a obrigação tributária*".

Relativamente ao **princípio da segurança jurídica**[112], ele existe em todo Estado de direito, equivale à certeza sobre o ordenamento jurídico aplicável e à forma na qual se regulam e protegem os interesses tutelados, permitindo ao cidadão prever, com razoável grau de certeza as consequências que podem derivar-se de seus atos, em vista das normas vigentes e o momento em que são executados.

Com referência ao **princípio da igualdade**, a Constituição Nacional argentina fornece, em seu artigo 16, o comando fundamental de que a nação não admite prerrogativas de sangue, nem de nascimento, todas as pessoas são iguais perante a lei e admitidas para o trabalho sem outra condição que não seja a idoneidade.

Identificando este princípio com o da '**generalidade**', Rodolfo Spisso, já citado, apoia-se em Neumark[113], para quem tal conceito sobre a imposição exige que, por um lado, todas as pessoas, naturais e jurídicas, na medida de sua capacidade de pagamento e que estejam tipificadas por uma das razões que dão nascimento à obrigação tributária, não se devendo considerar critérios tais como nacionalidade, classe social, religião, raça etc., sejam submetidas ao gravame tributário e, por outro lado, que não sejam admitidas outras exceções à obrigação tributária objetiva e subjetiva senão aquelas inescusáveis por razões de política econômica, social, cultural, sanitárias ou por imperativos da técnica tributária.

Outro princípio inerente ao sistema constitucional tributário argentino é o da **capacidade contributiva**, ou seja, a dotação de riqueza suficiente para fazer frente à obrigação tributária. Rodolfo Spisso também acrescenta que a capacidade econômica não é sinônimo de capacidade contributiva, pois esta é dada pela riqueza que supera o mínimo que

---

110 SPISSO. Rodolfo R. *Derecho Constitucional Tributario*. Buenos Aires: Abeledo Perrot, 2011, p. 246-247.

111 JARACH. Dino. *Curso superior de derecho tributario*. Buenos Aires: Cima, 1969, p. 113.

112 ASOREY. Rubén. *Legalidad, certeza e irretroatividad fiscal*, LL del 29/08/1988.

113 NEUMARK, Fritz. *Principios de La Imposición*. Instituto de Estudios Fiscales, Madrid, 1974.

possibilite um nível de vida digno por parte do contribuinte e sua família. Neste sentido, não se considera apto a concorrer para com os gastos públicos aquele que tem somente o necessário para as exigências individuais mínimas, suficiente ao desfrute de uma vida digna.

Fantin[114] explica que o conceito de capacidade contributiva não está consagrado no texto constitucional, mas constrói-se pela combinação de diversos princípios. A capacidade contributiva configura-se intimamente relacionada ao princípio da proporcionalidade, tese esta defendida por Dino Jarach[115] e Juan Carlos Luqui[116].

A razoabilidade das leis é outro princípio consagrado no texto constitucional argentino, notadamente em seu artigo 28, o qual dispõe que os princípios, direitos e garantias reconhecidos pela Constituição, não poderão ser alterados por leis que regulam seu exercício. Aliás, este fundamento já era previsto no projeto de Alberdi[117] para quem, as leis que regulam o exercício das garantias constitucionais não poderão diminuí-las, restringi-las ou adulterá-las em sua essência. Como ensina Linares[118], a razoabilidade é a conformidade do ato com uma série de princípios filosóficos, políticos, sociais e religiosos aos quais se considera vinculada a existência da sociedade. Zarini[119] afirma ser a razoabilidade a adequação do meio empregado pelo ato com a finalidade que ele persegue.

O confisco é outro fenômeno não admitido no sistema tributário argentino, como enfaticamente prevê o artigo 17 da Constituição Nacional, nestes termos:

> La propiedad es inviolable, y ningún habitante de La Nación puede ser privado de Ella, sino en virtud de sentencia fundada en ley. La expropiación por causa de utilidad pública debe ser calificada por ley y previamente indemnizada.

114 FANTIN. Graciela R. *Manera. Principios de Derecho Constitucional Tributario*. Córdoba: Alveroni Ediciones, 2010, p. 103.

115 JARACH, Dino. En torno al principio de capacidad contributiva en La economia financeira y en el derecho tributario. La Información, LVI, pags. 878 y segs.

116 LUQUI. Juan Carlos. Las garantias constitucionales de los derechos de los contribuyentes, LL, 1971, pgs. 907 y segs.

117 ALBERDI. Juan Bautista. *Bases y Puntos de partida para La organización política de La República Argentina*. Buenos Aires: Centro Editor de América Latina, 1982, cap. XVI.

118 LINARES. Juan Francisco. *Razonabilidad de las leyes, el debido proceso como garantia innominada de la Constitución Argentina*. Buenos Aires: Astrea – Depalma, 1989, p. 31.

119 ZARINI. Helio Juan. *Derecho Constitucional*. Buenos Aires: Astrea Depalma, 1992, p. 369.

A proteção da família é outra preocupação do ordenamento tributário argentino. Relacionadas à incidência do imposto de renda das pessoas físicas, impostos sobre seus bens pessoais e sobre sucessões, Rodolfo Spisso enumera as duas condições para que os tributos não interfiram nas relações familiares:

a. *Que se trate de un impuesto progresivo, pues solo respecto de ellos La consideración de La unidad familiar como sujeto del tributo o La evaluación conjunta de La rentas de sus miembros puede originar un aumento de La carga tributaria;*

b. *Que se trate de un impuesto personal, pues respecto de ellos La carga tributaria se define en función de La capacidad contributiva del sujeto pasivo, tanto en su faz objetiva como subjetiva.*

DISTRIBUIÇÃO DAS COMPETÊNCIAS TRIBUTÁRIAS

De forma similar ao Brasil, as espécies tributárias na Argentina classificam-se em impostos, taxas e contribuições.

Hector Villegas[120] tece críticas ao sistema argentino, afirmando que ele não se encontra organizado de maneira racional, considerando que os tributos foram criados ao longo do tempo pelo Estado para o atendimento de suas necessidades econômicas, não existindo um Código Tributário argentino, apenas anteprojetos, não existindo também uma coordenação entre as regras jurídicas originárias do governo central, Estados e municípios.

Anota ainda que, na Argentina, o ente central ou Nação, tem poder tributário sobre os tributos que lhe são próprios e exclusivos, como os aduaneiros, mas também tem idêntico poder sobre todos aqueles tributos sobre os quais tem faculdade concorrente ou o são delegados pelas províncias, conforme art. 75, inc. 2 da Constituição Nacional. Assim, a Nação tem uma competência tributária exclusiva fixada no texto constitucional, apresentando também competência concorrente com as províncias ou por estas lhe são delegadas competências tributárias. Villegas observa que isso se deve ao fato de que, "*(...) para harmonizar as relações financeiras no Estado, criou-se um sistema de atribuições e*

120 VILLEGAS. Héctor B. *Curso de Finanzas, Derecho Financiero y Tributario*. Buenos Aires: Editorial Astrea, 2009, pgs. 289-793.

repartições de receitas tributárias por meio de um Convênio Multilateral entre os entes federativos, o qual estabelece uma renúncia de competências tributárias para as Províncias em favor da Nação, em troca de receitas distribuídas".

Na Argentina, as normas nacionais, além das constitucionais, possuem hierarquia superior às normas provinciais e municipais. Isto está explícito nos conteúdos dos artigos 31 e 75, incisos 12, 13, 18, 19 e 30. Digno de destaque é o fato de que, nos termos do artigo 75, inciso 13 da Constituição Argentina, é atribuição do Congresso argentino regular o comércio do país com nações estrangeiras e o comércio entre as províncias, assumindo este dispositivo a denominação de "*cláusula de comercio*".

O antecedente histórico desta realidade normativa está no Pacto da Confederação Argentina, de 14 de janeiro de 1831, no qual as províncias signatárias se comprometeram a delegar ao poder central a faculdade de regular o comércio exterior e interior do país, decisão esta confirmada pelo Acordo de San Nicolás de los Arroyos, de 31 de maio de 1852.

Rodolfo Spisso, já citado, cita a jurisprudência da Corte Suprema de Justiça, que invalidou muitos tributos locais, por incidirem sobre o comércio interprovincial ou internacional, ainda que tais exigências tributárias não tenham sido prejudiciais a estes tipos de transações comerciais nem tenham sido aplicados por ocasião da entrada ou saída de um produto de jurisdição provincial.

Outro aspecto relevante dentre as disposições tributárias da Constituição Nacional Argentina é o poder detido pela nação de editar normas dispensando tributos da competência provincial e municipal, com apoio inclusive na jurisprudência da Corte Suprema de Justiça[121]. Neste sentido, a reforma constitucional de 1994, introduziu o inciso 19 ao artigo 75, denominado também de "cláusula do progresso e da justiça social".

Uma peculiaridade que se sobressai quando se discorre sobre as competências tributárias argentinas é a situação diferenciada da cidade autônoma de Buenos Aires, que não se enquadra como município nem província. Neste tocante, a capital federal tem um status jurídico especial, não se considerando como território federalizado (artigo 129 da Constituição Nacional Argentina).

---

121 Decisão 68:227, mencionada por Nuñez e Albornoz (49, p. 44), no leading case "El Ferrocarril Central Argentino v. província de Santa Fe s/repetición de pago indebido".

Prova disto é que o próprio inciso 31 do artigo 75 da CN estabelece como atribuição do Congresso Nacional dispor sobre intervenção nas províncias e na cidade de Buenos Aires, complementando-se este dispositivo com o artigo 99, inciso 20 que atribui ao Poder Executivo nacional, no caso de recesso do Congresso Nacional, a competência para decretar intervenção na cidade autônoma. Isto posto, não seria coerente que fosse possível a decretação de intervenção nacional em território federal. Existem divergências doutrinárias no tocante à real situação, status ou autonomia da cidade de Buenos Aires[122].

Ademais, nos termos da disposição constitucional transitória de número 7, cabe ao Congresso Nacional exercer em relação a Buenos Aires (enquanto esta for a capital da nação) as atribuições legislativas previstas no artigo 129 da CN. A criação de normas é, pois, atribuição concorrente entre a cidade autônoma e a nação (neste último caso, na medida em que estejam em jogo interesses nacionais). A lei 24.588, conhecida como lei 'Cafiero' tratou de separar as esferas de competências neste aspecto.

Além de Buenos Aires, outra situação peculiar é a dos municípios argentinos. Casás[123] afirma que se se atribui ao município a condição de ente autárquico, seu poder tributário seria derivado ou delegado, ao passo que, na condição de ente autônomo, seu poder fiscal teria natureza originária. A autonomia compreende um poder de legislação próprio e originário, ou poder constituinte. O ente autárquico, em sentido diferente, possui poder de administração delegado, não possuindo poderes constituintes nem legislativos originários ou próprios.

Nos termos do texto constitucional de 1994, artigo 123, cada província estatui sua própria constituição, nos termos do artigo 5º, assegurando a autonomia municipal, regulando também seu alcance e conteúdo nas ordens institucional, política, administrativa, econômica e financeira. Isto posto, pode-se afirmar que o poder tributante dos municípios é aquele previsto nos ordenamentos jurídicos de suas respectivas províncias, conforme o disposto nos artigos 5º e 123 da CN.

Na realidade, como nos ensina Villegas[124] a Nação é constituída por unidades autônomas (as províncias) que são preexistentes a ela,

---

122 ORIHUELA, Andrea M. *Constitución Nacional*. Buenos Aires: Editorial Estudio, 2008, p. 204.

123 CASÁS, José O; *Restricciones al poder tributario de los municipios de provincia a partir de La Ley de Coparticipación Tributaria*, em Casás, José O. (coord.), Derecho Tributario Municipal, Ad-Hoc, Buenos Aires, 2007, p. 20 e sgs.

124 VILLEGAS. Héctor B. *Curso de Finanzas, Derecho Financiero y Tributario*. Buenos Aires: Editorial Astrea, 2009, pgs. 289-793.

possuindo em consequência (teoricamente) a generalidade das competências tributárias, visto que conservam todo o poder não delegado pela Constituição ao governo federal (art. 121 da CN). Por outro lado, a Nação detém somente as competências previstas no texto constitucional (art. 126 da CN). No tocante aos municípios, afirma ele, são entidades definidas como autônomas, limitadas em seu alcance e conteúdo pelas leis e constituições provinciais (art. 123 da CN), concluindo tratar-se de uma "autonomia restringida".

Em conclusão, pode-se afirmar, com esteio nos ensinamentos do mesmo autor, que a delimitação dos poderes tributários na Argentina é dirigida à Nação e às províncias. Segundo ele, esses poderes fiscais são distribuídos da seguinte forma:

> *a) Corresponden a la Nación: 1) derechos aduaneros exclusivamente y en forma permanente (arts. 4º, 9º, 75, inc. 1 y 126); 2) impuestos indirectos: en concurrencia con las provincias y en forma permanente (arts. 4º y 75, inc. 2, párr. 1º), y 3) impuestos directos: con carácter transitorio y configurándose las circunstancias del art. 75, inc. 2, párr. 2º.*
>
> *b) Corresponden a las provincias: 1) impuestos indirectos: en concurrencia con la Nación y en forma permanente (arts. 75, inc. 2, párr. 1º , y 121), y 2) impuestos directos: en forma exclusiva y permanente, salvo que La Nación haga uso de la facultad del art. 75, inc. 2, párr. 2º .*

A concorrência entre a Nação e as províncias em matéria de impostos indiretos, além da atribuição do congresso nacional de instituir impostos diretos por tempo determinado, proporcionou a possibilidade de existência da superposição de impostos nacionais e provinciais. Em decorrência deste fato, foi necessário o estabelecimento de um sistema de coordenação, através de leis- convênios. Em 1934, através da lei 12.138, este sistema de coordenação iniciou-se com a unificação de impostos internos, complementada por leis consecutivas. Em 1988, veio a lei 23.548, estabelecendo um regime transitório.

Após discussões, notadamente doutrinárias acerca da constitucionalidade do sistema, a reforma constitucional de 1994 instituiu o regime de co-participação. Na realidade, o regime de leis-convênios ou leis-contratos se estabelece através da adesão das províncias às leis aprovadas pelo congresso nacional. Em consequência, o governo federal assume poder exclusivo sobre a administração (legislação e arrecadação) dos tributos indiretos de competência concorrente com as províncias, bem como os impostos diretos originariamente de competência provincial.

Isto proporciona às províncias aderentes o direito de receber automaticamente os repasses da arrecadação, na proporção estabelecida na lei de co-participação. Há certo consenso doutrinário de que as competências tributárias da Nação e das províncias são de natureza originária. A Constituição Nacional remete às constituições provinciais a tarefa de estabelecer o regime tributário municipal, assegurando aos municípios a autonomia, regulando seu alcance e conteúdo na ordem institucional, política, administrativa, econômica e financeira (art. 5º).

A Autonomia financeira permite concluir que os municípios detêm poder tributante, ainda que de natureza derivada, conforme preconiza correntes doutrinárias majoritárias.

Enfatizando o que já foi evidenciado no início deste capítulo, de forma similar ao que acontece no Brasil e outros países, o sistema tributário argentino deve sua complexidade fundamentalmente à existência dos três entes tributantes (Nação, Províncias e municípios), todos com potestades simultâneas e concorrentes.

Por fim, no sistema tributário argentino predominam elementos históricos em detrimento de elementos racionais. A emergência, transitoriedade e improvisação formam marcos característicos de um conglomerado impositivo que foi se formando com a clara finalidade de financiar necessidades crescentes do fisco, apesar de carecer de pretensões harmonizantes e de coerência. Vale acrescentar ainda o fato de que, diferentemente de vários países latino-americanos, a Argentina não dispõe de um Código Tributário Nacional, apesar da existência de anteprojetos sobre a matéria[125].

Assim como ocorre no Brasil e outros países de organização federal, a complexidade do sistema tributário argentino é decorrente da existência de três níveis impositivos: nação, províncias e municípios. À nação se atribui a competência para exigir tributos de forma exclusiva (v.g. os tributos aduaneiros), de forma concorrente (v.g. impostos internos sobre o consumo) e outros no regime de co-participação, nos termos do artigo 75, inciso 2º da Constituição Nacional (v.g. o imposto sobre

125 VILLEGAS. Héctor B. *Curso de Finanzas, Derecho Financiero y Tributario*. Buenos Aires: Editorial Astrea, 2009, pgs. 289-793

lucros). Às províncias compete a exigibilidade de tributos não delegados e que não estejam incluídos no regime de co-participação (v.g. imposto imobiliário). Por sua vez, os municípios exercem seu poder tributário nos termos das respectivas constituições provinciais, podendo, por exemplo, exigir contribuições sobre determinados fatos geradores.

Já tendo conhecimento sobre as características fundamentais do sistema tributário argentino, seus princípios e distribuição de competências, suas diferenças e semelhanças com o sistema brasileiro, convido-te a aprofundar no próximo capítulo o sistema tributário brasileiro.

CAPÍTULO 10

FUNDAMENTOS E EVOLUÇÃO DO FEDERALISMO FISCAL BRASILEIRO

"O legislador infra-constitucional de cada uma das pessoas jurídicas de Direito Público, ao criar um imposto, não pode atuar fora do campo que a constituição Federal lhes reserva. Por isso, não pode alterar os conceitos que a Constituição Federal utiliza ao fazer discriminação das competências impositivas. Nem pode construir ficções legais que, de qualquer forma, impliquem alteração daquelas regras da Constituição Federal"

— Hugo de Brito Machado

Discutir sobre as características fundamentais do sistema tributário brasileiro, seus princípios constitucionais e distribuição de competências impositivas, suas diferenças e semelhanças, é o nosso desafio neste capítulo.

ORIGENS E CARACTERÍSTICAS DO SISTEMA TRIBUTÁRIO BRASILEIRO

O Brasil adotou o regime federalista com a Constituição de 1891, como forma de amenizar as tendências separatistas, devido à sua grande extensão territorial, combinada com suas diferenças culturais. Ainda antes da Constituição de 1891, o Decreto 1, de 15 de novembro de 1889 proclamou a "República Federativa", dispondo em seu artigo 2º que as províncias passariam a constituir Estados Unidos do Brasil.

As raízes de nossa federação devem ser encontradas no projeto de monarquia federativa e posteriormente no manifesto do Partido Republicano[126]. Na realidade, a federação brasileira surgiu da forma unitária de estado, diferentemente dos Estados Unidos da América, cujo federalismo se concretiza em uma Confederação, surgida da união de estados independentes. Historicamente, a forma federativa brasileira evoluiu naturalmente em virtude de fatores geográficos e sociológicos, tese esposada por Maluf[127] ao discorrer: "*O Brasil-Império era um Estado juridicamente unitário, mas, na realidade, era dividido em províncias. O ideal da descentralização política, no Brasil, vem desde os primórdios da nossa existência, desde os tempos coloniais. Os primeiros sistemas administrativos adotados por Portugal, as governadorias gerais, as feitorias, as capitanias, traçaram os rumos pelos quais a nação brasileira caminharia fatalmente para a forma federativa. A enormidade do território, a variação climática, a diferenciação dos grupos étnicos, toda uma série imensa*

---

126 NUNES. José de Castro. *Do Estado Federado e sua organização municipal*. Brasília: Câmara dos Deputados, 1982, p. 55-56.

127 MALUF. Said. *Teoria geral do Estado. Ver e atual*. Miguel Alfredo Maluf e Neto. São Paulo: Ed. Saraiva, 1998, p. 171-172

de fatores naturais ou sociológicos tornaram a descentralização política um imperativo indeclinável da realidade social, geográfica e histórica".

A Constituição de 1934 manteve a forma federativa, apesar de certa tendência ao centralismo, como demonstra a possibilidade de intervenção nos Estados membros, hipótese inexistente na Constituição de 1891. A Constituição de 1937, talvez a mais unitarista, com poderes centrados no Presidente da República, instituindo inclusive a figura dos interventores da União, no lugar dos governadores de Estados.

Com a Constituição de 1946, o federalismo volta com muita força, possibilitando, como disse Miguel Reale[128] uma definição com maior clareza das esferas de competência legislativa e tributária da União e dos Estados membros, e o federalismo "dual" passava a ser um federalismo "trino", ao definir também a autonomia municipal. Esta constituição inicia um processo de crescimento da autonomia dos Estados membros dando-lhes autonomia financeira pela competência privativa de instituição de diversos tributos, além da participação na arrecadação de impostos federais.

Na Constituição de 1967 e respectiva emenda de 1969, retorna-se a um certo centralismo, principalmente em termos de aumento da competência tributária federal. Este centralismo foi atenuado a partir do final da década de 70 do século XX e o federalismo ganha força com a Constituição de 1988, concedendo maior autonomia aos Estados membros e concedendo inclusive aos municípios a condição de ente federativo. Apesar de ainda considerado por parte da doutrina como centralizadora de poder na União Federal, na constituição de 1988, o princípio federativo ficou definido como cláusula pétrea, nos termos do seu artigo 60, & 4º.

Existe uma certa uniformidade doutrinária no tocante à inexistência de hierarquia entre as unidades componentes da federação brasileira. Dallari[129] é enfático ao prescrever: "*No Estado Federal as atribuições da União e das unidades federadas são fixadas na Constituição, por meio de uma distribuição de competências. Não existe hierarquia na organização federal, porque a cada esfera de poder corresponde uma competência determinada*".

---

128 REALE. Miguel. *Pluralismo e institucionalização*. Disponível em: HTTP://orbita.starmedia.com/pensadores brasileiros/Miguel Reale/Pluralismo e institucionalizacao.htm. Acesso em: 27 nov. 2001.

129 DALLARI. Dalmo de Abreu. *Elementos de Teoria Geral do Estado*. São Paulo: Editora Saraiva, 2001, p. 255 a 258.

No caso brasileiro, as delimitações de competência estão estatuídas na Constituição Federal, em seus artigos 22 (competência legislativa privativa da União), artigo 24 (competência legislativa concorrente) e artigo 30, I e II (competência legislativa municipal). Neste tocante ainda há outra característica inerente ao federalismo brasileiro, o qual define especificamente os encargos dos membros federados, atribuindo-se à União as funções clássicas de defesa, negócios estrangeiros, controle da moeda, sistema financeiro e exploração de alguns monopólios, e aos Estados e municípios atribuições de polícia e outros serviços em suas respectivas áreas geográficas.

No tocante a tributos, o sistema tributário brasileiro estabelece competências privativas para que cada ente federado tenha suas próprias fontes de receitas. Isto fica patente em relação à instituição de impostos, em que a Magna Carta confere poderes à União para instituir os impostos previstos nos artigos 153 e 154, aos Estados e Distrito Federal, os impostos previstos no artigo 155 e aos municípios, os impostos previstos no artigo 156. A competência comum também está prevista no texto constitucional (artigo 145), em que todos os entes federados são autorizados a instituir taxas e contribuição de melhoria.

Ainda no aspecto tributário, devemos considerar também aquilo que se considera como o principal instrumento de federalismo fiscal, quais sejam, a repartição do produto da arrecadação e o sistema de transferências intergovernamentais. Caracterizando um federalismo cooperativo, são partilhados os impostos federais sobre a renda, propriedade rural, operações financeiras, imposto estadual sobre circulação de mercadorias e serviços e imposto estadual sobre propriedade de veículos automotores.

Em termos de direito comparado, José Maurício Conti[130] cita exemplos deste mecanismo de distribuição, como a federação canadense, no qual há o "*fiscal equalization*", redistribuindo recursos entre as províncias, na Espanha com o "*fondo de compensación interterritorial*", que visa corrigir desequilíbrios econômicos entre os entes nacionais e na Itália, onde são encontrados vários fundos como o "*fondo perequativo*", com finalidade redistributiva para os territórios com menor capacidade fiscal por habitante.

---

130 CONTI. José Maurício. *Considerações sobre o Federalismo Fiscal Brasileiro em uma Perspectiva Comparada*, in Federalismo Fiscal – questões contemporâneas, Orgs.(José Mauricio Conti, Fernando Facury Scaff e Carlos Eduardo Faraco Braga).São José (SC):Editora Conceito Editorial, 2010, p. 17.

Por fim, vale frisar que, de acordo com critérios de aceitação geral na distribuição das competências tributárias previstas no texto constitucional brasileiro, à União cabem os impostos do comércio exterior, pois ela é quem centraliza as relações internacionais. No critério da mobilidade tributável estabeleceu-se que os tributos incidentes sobre imóveis seriam da competência local e, em matéria mais volátil como a renda, a competência seria da União. No meio termo, as vendas seriam da competência dos Estados membros.

PRINCÍPIOS FUNDAMENTAIS DO ATUAL SISTEMA TRIBUTÁRIO BRASILEIRO

A Constituição Federal brasileira de 1988 estabelece primordialmente o poder de tributar, as competências tributárias, enumerando as espécies de tributos, estatuindo também os princípios e as limitações a este poder tributante. Exporemos a seguir quais são estes princípios e quais as espécies tributárias compõem o espectro do federalismo fiscal brasileiro.

Encastelado no âmbito dos princípios constitucionais tributários brasileiros encontramos as chamadas **limitações constitucionais ao poder de tributar**. Marco[131] entende que: "*Esses princípios são os direitos individuais considerados como expressão jurídica de direitos fundamentais da pessoa humana, valores da vida humana em si e da vida em sociedade*".

Luciano Amaro[132] ensina que o poder de tributar deve respeito às fronteiras do campo material de incidência definido pela Constituição, requerendo a respectiva conformação com os princípios constitucionais tributários, pressupondo ainda a harmonia formal com os modelos constitucionais de produção do direito, ou suja: criação de tributos por lei ordinária, excepcionalmente por lei complementar, possibilidade de alteração de alíquotas por ato do executivo para algumas espécies tributárias.

Um dos princípios básicos do texto constitucional tributário brasileiro é representado pelo próprio federalismo nacional, abordado anteriormente. O pacto federativo está, pois definitivamente atrelado à questão das competências tributárias, tema este, também, abordado nesta obra.

---

131 MARCO. Anelise Rigo de. *Os Limites da competência reformadora da constituição e o risco na tributação*. Londrina: UNOPAR Científica Jurídicas e Empresariais, set. 2012, v. 13, n. 2, p. 35-40.

132 AMARO. Luciano. *Direito Tributário Brasileiro*. São Paulo: Editora Saraiva, 2004. p.106-179.

Outro princípio-limitação refere-se ao da **estrita legalidade tributária**, prescrito no artigo 150, I do texto constitucional (reforçado pelo artigo 97 do Código Tributário Nacional - CTN -), exigindo-se que os membros federativos somente poderão exigir, majorar (com as exceções estabelecidas), fiscalizar e cobrar tributos nos termos da previsão em lei, normalmente lei ordinária. Para Paulo de Barros Carvalho[133], esta norma deve conter os elementos descritores do fato jurídico e os dados prescritores da relação obrigacional.

A **isonomia tributária** é outra norma principiológica, prevista no artigo 150, II do texto magno, vedando aos entes federados instituir tratamento desigual entre contribuintes que se encontrem em situação equivalente, proibindo qualquer distinção em razão de ocupação profissional ou função exercida, independentemente da denominação jurídica dos rendimentos, títulos ou direitos.

O princípio da **capacidade contributiva** (art. 145, & 1º) determina que, sempre que possível, os impostos terão caráter pessoal e serão graduados segundo a capacidade econômica do contribuinte. Comentando sobre este mandamento, Roque Carrazza[134] escreve: "*O princípio da capacidade contributiva hospeda-se nas dobras do princípio da igualdade, e ajuda a realizar, no campo tributário, os ideais republicanos. Realmente, é justo e jurídico que quem, em termos econômicos, tem muito pague, proporcionalmente, mais do que quem tem pouco (...). Noutras palavras, deve contribuir mais para a manutenção da coisa pública. As pessoas, pois, devem pagar impostos na proporção dos seus haveres, ou seja, de seus índices de riqueza*".

> *É praticamente unânime no pensamento doutrinário pátrio que o princípio da capacidade contributiva está incluído entre aqueles considerados direitos fundamentais do cidadão, não podendo, portanto, sofrer limitação, modificação ou supressão pelo legislador constituinte, por meio de emenda constitucional, em atendimento ao artigo 60 & 4º, IV do texto constitucional.*

---

133 CARVALHO. Paulo de Barros. *Curso de Direito Tributário*. São Paulo: Ed. Saraiva, 2000, p. 155.

134 CARRAZZA. Roque. *Curso de Direito Constitucional Tributário*. São Paulo: Ed. Malheiros, 2008 pp. 59 a 101.

No aspecto da **vedação do confisco** (art. 150, IV), o legislador constitucional brasileiro proíbe a utilização do tributo com efeito de confisco. Amaro[135] leciona que confiscar é tomar para o fisco, desapossar alguém de seus bens em proveito do Estado. Carrazza, já citado, preconiza ser o 'não confisco' um corolário do princípio da capacidade contributiva pois, como preleciona[136]: "*As leis que criam impostos, ao levarem em conta a capacidade econômica dos contribuintes, não podem compeli-los a colaborar com os gastos públicos além de suas possibilidades. Estamos vendo que é confiscatório o imposto que, por assim dizer, 'esgota' a riqueza tributável das pessoas, isto é, não leva em conta suas capacidades contributivas*".

DISTRIBUIÇÃO DAS COMPETÊNCIAS TRIBUTÁRIAS

Como já foi destacado neste capítulo, o sistema tributário brasileiro baseia-se no sistema de competências privativas, no que concerne a impostos e às outras espécies tributárias, observando-se que, relativamente aos tributos ligados a atividades estatais (taxas e contribuições de melhoria), a competência tributária é do ente competente para prestar o serviço, o exercício do poder de polícia ou para realizar a obra pública.

Para Hugo de Brito Machado[137], é nos impostos que a questão das competências se coloca no campo do Direito Tributário, pois a atribuição das competências para instituir impostos constitui forma de limitação do poder de tributar: "*Na medida em que, ao determinar quais são os impostos que podem ser criados pela União, pelos Estados, pelo Distrito Federal e pelos Municípios, a Constituição delimita o campo fático que pode servir de suporte a esses impostos. Define o que denominamos o âmbito constitucional de cada imposto.* O autor acrescenta ainda, confirmando os rígidos contornos do sistema constitucional brasileiro (bem mais detalhista e vinculante que o argentino):

---

135 AMARO. Luciano. *Direito Tributário Brasileiro*. São Paulo: Editora Saraiva, 2004. p.106-179.

136 Outros princípios constitucionais tributários e limitações constitucionais ao poder de tributar são mencionados por autores tais como: MACHADO (60, p. 256 a 274), YAMASHITA (61, p. 31 A 223), CASSONE (62, p. 69 a 111), KFOURI JR. (63, p. 153 a 185), SHOUERI (64, P. 265 A 375).

137 MACHADO. Hugo de Brito. *Curso de Direito Tributário*. São Paulo: Ed. Malheiros, 2004, p. 72 e 275.

> O legislador infra-constitucional de cada uma das pessoas jurídicas de Direito Público, ao criar um imposto, não pode atuar fora do campo que a constituição Federal lhes reserva. Por isso, não pode alterar os conceitos que a Constituição Federal utiliza ao fazer discriminação das competências impositivas. Nem pode construir ficções legais que, de qualquer forma, impliquem alteração daquelas regras da Constituição Federal. (MACHADO, 2004, p. 275).

Com referência à classificação das espécies tributárias, o tema gera discordâncias na doutrina especializada. Temos autores adeptos da teoria Bipartida: impostos e taxas; Tripartida: impostos, taxas e contribuições de melhoria; quadripartida: impostos, taxas, contribuições de melhoria e empréstimos compulsórios e; quinquipartida: impostos, taxas contribuições de melhoria, contribuições sociais e empréstimos compulsórios. Douglas Yamashita[138], enumera os seguintes critérios de distinção adotados pelas teorias mencionadas: base de cálculo e hipótese de incidência, destinação legal da arrecadação e critérios materiais (capacidade contributiva, equivalência e solidariedade).

Impende mencionarmos a posição atualmente adotada pela jurisprudência nacional, especialmente porque provém do ente máximo do nosso judiciário (o Supremo Tribunal Federal). No RE 138.284-CE, plenário, o Ministro Carlos Velloso, em posição acompanhada unanimemente, adotou a seguinte classificação das espécies tributárias brasileiras (2012):

> Os tributos, nas suas diversas espécies, compõem o Sistema Constitucional Tributário, que a Constituição inscreve nos seus artigos 145 a 162. Tributo, sabemos, encontra definição no artigo 3º do CTN, definição que se resume, em termos jurídicos, que a lei impõe às pessoas, de entregar uma certa importância em dinheiro ao Estado. As obrigações são voluntárias ou legais. As primeiras decorrem da vontade das partes, assim do contrato; as legais resultam da lei, por isso são denominadas obrigações ex-lege e podem ser encontradas tanto no direito público quanto no direito privado. A obrigação

138 YAMASHITA. Douglas. *Direito Tributário: uma visão sistemática*. São Paulo: Ed. Atlas, 2014, pp. 243-245.

tributária, obrigação ex-lege, a mais importante do direito público, 'nasce de um fato qualquer da vida concreta, que antes havia sido qualificado pela lei como apto a determinar o seu nascimento'. (Geraldo Ataliba, Hermenêutica e sistema constitucional tributário, in Diritto e pratica tributaria, v. 1, Padova: Cedam, 1979)

As diversas espécies tributárias, determinadas pela hipótese de incidência ou pelo fato gerador da respectiva obrigação (CTN, art. 4º), são as seguintes:

Os impostos (CF, arts. 145, I, 153, 154, 155 e 156);

As taxas: (CF, art. 145, II);

As constribuições, que podem ser assim classificadas:

c.1) de melhoria (CF, art. 145, III);

c.2) parafiscais (CF, art. 149), que são:

c.2.1 sociais

c.2.1.1 de seguridade social (CF, art. 195, I, II e III);

c.2.1.2 outras de seguridade social (CF, art. 195, & 4º)

c.2.1.3 sociais gerais (o FGTS, o salário-educação, CF, art. 212, & 5º , contribuições para o Sesi, Senai, Senac, CF, art. 240)

c.3 especiais

c.3.1 de intervenção no domínio econômico (CF, art. 149) e

c.3.2 corporativas (CF, art. 149).

Constitui ainda, espécie tributária:

c.3.3 contribuição para custeio do serviço de iluminação pública (CF, art. 149-A, incluído pela EC 39/2002)[139]

d) os empréstimos compulsórios (CF, art. 148)

As contribuições parafiscais têm caráter tributário. Sustento que constituem estas contribuições uma espécie própria de tributo ao lado dos impostos e das taxas, na linha, aliás da lição de Rubens Gomes de Souza (Natureza Tributária da Contribuição do FGTS, RDA 112/27, RDP 17/305). Quer

139 Cassone (2012) acrescenta este item, em virtude da decisão do STF no RE 573.575.

> dizer, as contribuições não são somente as de melhoria. Estas são uma espécie do gênero contribuição; ou uma subespécie da espécie contribuição. Para boa compreensão do meu pensamento, reporto-me ao voto que proferi, no antigo TFR, na AC 71.525 (RDtrib. 51/264). (CASSONE, 2012, p. 43)

Com relação aos impostos previstos no sistema constitucional tributário brasileiro, de competência da União Federal, temos aqueles elencados na competência privativa (art. 153) e os decorrentes das competências residual e extraordinária (art.154).

Os impostos federais da competência privativa são: Imposto sobre a Renda e Proventos de Qualquer Natureza ou simplesmente IR; Imposto sobre a Importação de Produtos Estrangeiros - ou simplesmente II; Imposto sobre a Exportação, para o exterior, de produtos nacionais ou nacionalizados ou simplesmente IE; Imposto sobre Produtos Industrializados ou simplesmente IPI; Imposto sobre Operações de Crédito, Câmbio, Seguros ou relativas a Títulos e Valores Mobiliários ou simplesmente IOF; Imposto sobre a Propriedade Territorial Rural ou simplesmente ITR; Imposto sobre Grandes Fortunas ou simplesmente IGF.

O **imposto de renda**, previsto no texto constitucional no inciso III do artigo 153, possui como fato gerador a descrição normativa do caput do artigo 43 do CTN, ou seja, a aquisição de disponibilidade econômica ou jurídica, de renda ou proventos de qualquer natureza, como definidos em seus incisos I e II. É um tributo de natureza essencial mente fiscal, embora também utilizado também com finalidades extrafiscais[140].

O **imposto sobre a importação de produtos estrangeiros**, previsto no texto constitucional no inciso I do artigo 153, é tributo de natureza extrafiscal, como fica demonstrado pela possibilidade da alteração de suas alíquotas pelo Poder Executivo (& 1º do artigo 153 da CF e artigos 21 e 97 do CTN), bem como dispensado do princípio da anterioridade (art. 150, & 1º). Sua previsão legal repousa no Decreto-lei 37/66 e regulamentação no Decreto 6.759/2009.

O **imposto sobre a exportação, para o exterior, de produtos nacionais ou nacionalizados** tem seu embasamento constitucional no inciso II do artigo 153, estando também autorizada a alterabilidade de suas alíquotas e dispensa da observância ao princípio da anterioridade,

140 Este tributo foi instituído originariamente no Brasil em 1922, através da lei 4.625, de 31 de dezembro daquele ano.

de acordo com os mesmos fundamentos normativos do Imposto de Importação, visto ser também um tributo de finalidade essencialmente extrafiscal.

O **IOF**, contendo várias hipóteses de incidência, também é utilizado como instrumento da extra fiscalidade, estando previsto no inciso V do artigo 153 e nos artigos 63 e seguintes do CTN, aplicando-se a ele as mesmas normas representativas da extra fiscalidade estabelecidas para o II e IE.

O **Imposto sobre Produtos Industrializados**, tributo de natureza arrecadatória, inclusive compõe Fundos constitucionais com repartição de sua receita com Estados, Distrito Federal e Municípios, no entanto é muito utilizado com finalidades extrafiscais, tanto que suas alíquotas podem ser alteradas pelo Poder Executivo (art. 153, & 1º da CF). No entanto, sujeita-se a um período de anterioridade mitigado de 90 dias, quando houver sua majoração. (Emenda Constitucional 42/2003).

O **Imposto sobre a Propriedade Territorial Rural**, na forma prevista no artigo 153, VI da CF, está normatizado também nos artigos 29 a 31 do CTN, tendo como fato gerador a propriedade, o domínio útil ou a posse de imóvel localizado fora da zona urbana do município, podendo ser fiscalizado e arrecadado pelos municípios (art. 153, & 4º da CF). O Imposto sobre Grandes Fortunas (artigo 153, VII da CF) ainda não foi instituído legalmente, sendo exigido para tal a edição de Lei Complementar, estabelecendo inclusive o conceito de fortuna.

O sistema tributário brasileiro prevê também um tratamento especial, simplificador para pequenos e médios contribuintes, atualmente chamado "**Simples Nacional**". Instituído pela Lei Complementar 123, de 14 de dezembro de 2006, há previsão de recolhimento unificado de 8 tributos, ou seja: IR, Contribuição Social sobre o Lucro, IPI, Cofins, PIS, Contribuição para o INSS (patronal), ICMS e ISS.

Com referência à competência dos Estados e do Distrito Federal em matéria de impostos, temos aqueles elencados no artigo 155 da CF, de competência privativa. O ITCMD ou como é comumente chamado de 'imposto sobre heranças e doações' incide nas transmissões de bens e direitos a herdeiros e legatários e também nas doações em geral.

Os impostos da competência privativa dos Estados e do Distrito Federal, enumerados no artigo 155 da CF são: Imposto sobre a Transmissão causa mortis e doação, de quaisquer bens ou direitos -

ITCMD (art. 155, I da CF); Imposto sobre Circulação de Mercadorias e Prestações de Serviços de Transporte Interestadual e Intermunicipal e de Comunicação, ainda que as operações e prestações se iniciem no exterior – ICMS- (art. 155, II, da CF); Imposto sobre a propriedade de Veículos Automotores – IPVA (art. 155, III da CF).

Em termos de origem histórica no Brasil, Edison Carlos Fernandes[141] anota que este imposto passou a integrar a renda das províncias em 1832, através da lei de 24/10/1832, porque, não tendo sido incluído dentre os tributos pertencentes à receita geral, passou a integrar a renda provincial.

O **ICMS** é o mais importante tributo da competência dos Estados e do Distrito Federal, pelo seu poder arrecadatório. Ademais, contemplado com o maior número de dispositivos a ele pertinentes na Magna Carta brasileira. De natureza complexa, o ICMS está normatizado nacionalmente pela Lei Complementar 87/96, e por leis editadas pelos Estados e Distrito Federal.

O **IPVA** é tributo patrimonial, seu fato gerador ocorre normalmente em 1º de janeiro de cada ano ou na data da aquisição, no caso de veículos novos, e suas alíquotas mínimas são fixadas pelo Senado Federal (art. 155, & 6º da CF). No tocante aos municípios, a competência privativa em matéria de impostos está descrita no artigo 156 da CF

Os impostos da competência privativa dos municípios, nos termos do artigo 156 da CF são: Imposto sobre a propriedade predial e territorial urbana – IPTU; Imposto sobre a transmissão intervivos, a qualquer título, por ato oneroso, de bens imóveis, por natureza ou acessão física, e de direitos reais sobre imóveis, exceto os de garantia, bem como cessão de direitos a sua aquisição- ITBI; Imposto sobre Serviços de Qualquer Natureza, não compreendidos no art. 155, definidos em lei complementar.

O **IPTU** (art. 156, I da CF), também normatizado nos artigos 32 e 33 do CTN, incide sobre terrenos e também construções. Possui características constitucionais como a possibilidade de ser progressivo em razão do valor do imóvel e ter alíquotas diferentes de acordo com sua localização (art. 156, & 1º).

---

141 FERNANDES. Edison Carlos. *Sistema Tributário do Mercosul: o processo de harmonização das legislações tributárias*. São Paulo: Editora Revista dos Tribunais, 2001, p. 92-212. *Apud* VASCONCELOS, Roberto França de. Aspectos Econômicos dos Tratados Internacionais, in Revista de Direito Tributário Internacional. São Paulo: Ed. Quartier Latin, 2005, p. 197-198.

O **ITBI** é cobrado nas transmissões onerosas de bens imóveis. Possui também características constitucionais como a imunidade nas transmissões de bens e direitos incorporados ao patrimônio de pessoa jurídica, em realização de capital e transmissão de bens e direitos em decorrência de fusão, incorporação, cisão ou extinção de pessoa jurídica, exceto se o adquirente tiver como atividade preponderante a compra e venda desses bens os direitos, locação de bens imóveis ou arrendamento mercantil.

O **ISS** incide nas prestações de serviços, exceto aqueles incluídos no campo de incidência do ICMS, definidos em lei complementar. A lei complementar 116/2003 elencou os tipos de serviços alcançados pelo tributo. O município competente para exigir o tributo é aquele onde o contribuinte desenvolva sua atividade, na forma do artigo 4º da norma aludida, no entanto, nas situações definidas no art. 3º, a exigência poderá ser feita pelo município do local da prestação do serviço. Pode ser exigido inclusive nas importações de serviços, daremos enfoque a este aspecto no item 7.2.2 deste estudo.

Na parte 4 desta obra discorreremos sobre os aspectos primordiais a serem considerados num processo de harmonização tributária entre Brasil e Argentina, considerando suas realidades normativas internas e propondo a construção de um marco inicial, aproximando seus ordenamentos jurídico-tributários em um ponto específico das relações comerciais entre os dois países.

RELAÇÕES ENTRE BRASIL E ARGENTINA

CAPÍTULO 11

POR QUE HARMONIZAR OS TRIBUTOS SOBRE O CONSUMO NO MERCOSUL?

"Se queremos criar realmente um mercado comum com nossos vizinhos do sul, é tarefa urgente pensarmos numa tributação igualmente comum, pelo menos harmonizada, com alíquotas senão iguais, próximas, para que não haja privilégios fiscais para os agentes econômicos, uns em relação aos outros"

— Ubaldo Cezar Balthazar

Neste capítulo apresento uma análise sobre a necessidade de harmonização tributária dos tributos incidentes sobre o consumo no Mercosul, como forma de minimizar sua repercussão sobre formação de preços, distorções na rentabilidade de projetos, competitividade nas transações internacionais e mercado de trabalho. Na realidade, além de uma necessidade, trata-se de uma prerrogativa onde o artigo 1º do Tratado de Assunção determina o "*compromisso dos Estados-partes de harmonizar suas legislações, nas áreas pertinentes, para lograr o fortalecimento do processo de integração*".

OBJETIVO DOS TRIBUTOS NO ÂMBITO REGIONAL: HARMONIZAÇÃO

É certo que os tributos internos cobrados nos países de destino de mercadorias e bens têm o potencial de gerar efeitos similares às tarifas alfandegárias. A eliminação destas deve pois ser acompanhada (considerando o objetivo da formação de um mercado comum) da harmonização dos tributos sobre consumo, conclusão esta reforçada e fundamentada no artigo 7 do Tratado de Assunção, ipsis literis:

> Art. 7º. Em matéria de impostos, taxas e outros gravames internos, os produtos originários do território de um Estado-parte gozarão, nos outros Estados-partes, do mesmo tratamento que se aplique ao produto nacional.

Ademais, a harmonização dos impostos gerais ao consumo deve cuidar também de eliminar as distorções nos aspectos técnicos, estabelecendo para todos os países associados a prática de um mesmo sistema de tributação[142]. Após a eliminação das barreiras alfandegárias, o maior obstáculo então seria a harmonização da tributação sobre o consumo. Este tipo de imposição tributária é a que mais se presta ao emprego como

142 FERNANDES, Edilson Carlos. *Sistema Tributário do Mercosul: o processo de harmonização das legislações tributárias*. São Paulo: Editora Revista dos Tribunais, 2001, p. 57 e 223.

arma extrafiscal, produzindo distorções fiscais, em regimes distintos ou similares, como os que são baseados em tributos como o IVA[143]. Pita ensina sobre a repercussão dos tributos internos sobre a formação dos preços e na rentabilidade dos investimentos, argumentando que "diferenças marcantes nessa tributação podem constituir também uma barreira de natureza institucional à livre concorrência no mercado ampliado."[144]

Há uma necessidade de minimizar as distorções nas condições de competitividade dos produtos transnacionais, através da estrutura de preços relativos, as distorções na rentabilidade dos projetos, para que não sejam desviados em sua localização ou repercussões no mercado de trabalho, provocando migrações cotidianas, fato não ocorrente num mercado único idealizado, qual seja, no qual os preços refletissem efetivamente a escassez dos recursos.[145]

Com a finalidade de dar eficácia ao artigo 7º do Tratado de Assunção, é portanto necessário que se promova a harmonização das legislações nacionais, no tocante aos tributos internos, ainda que este processo se conclua no longo prazo. Neste sentido, vale como exemplo a União Européia, que optou pela adoção de um sistema definitivo do IVA, com a harmonização de suas taxas, evitando taxas muito díspares, e assegurando as condições gerais de concorrência, evitando também distorções nas transações comunitárias e a localização dos operadores econômicos.[146]

Contudo, segundo Oliveira[147], a curto prazo, ajustes devem ser promovidos nos sistemas tributários dos membros mercosulinos, especialmente nos pontos em que são causadores de distorções, direcionando-se inicialmente ao IVA e ICMS, buscando-se uma alíquota comum. Neste processo harmonizador, vale meditar sobre o que indica Ubaldo Cezar Balthazar sobre as dificuldades internas do bloco:

---

143 FILHO, CATÃO, Antonio Rodrigues da Silva e Marcos André Vinhas. *Harmonização Tributária no Mercosul*. São Paulo: Editora Aduaneiras, 2001,p. 59.

144 PITA, Claudino. *Uma abordagem conceitual da harmonização tributária no Mercosul, in Mercosul – perspectivas da integração*. Rio de Janeiro: Fundação Getúlio Vargas editora, 1996, p. 121.

145 SILVA. Carlos Roberto Lavalle da. *Harmonização tributária no Mercosul, in Mercosul – perspectivas de integração*. Rio de Janeiro: Fundação Getúlio Vargas, 1996, p. 144.

146 PEREIRA. Paula Rosado. A Tributação das Sociedades na União Européia: Entraves Fiscais ao Mercado Interno e Estratégias de Aceitação Comunitária. Lisboa: Ed. Almedina, 2004, p. 264-291.

147 OLIVEIRA. Celso Maran de. MERCOSUL – Livre Circulação de Mercadorias. Medidas protecionistas a serem levantadas no Mercosul rumo ao mercado comum: processo comparativo com a União Européia. Curitiba: Juruá Editora, 2003, p. 250-252.

> Os três países (Paraguai, Uruguai e Argentina) levam, entretanto, uma vantagem sobre o Brasil: é que já possuem a estrutura montada para uma futura harmonização da tributação sobre o consumo. Nosso sistema, neste plano, está ainda incipiente. Se queremos criar realmente um mercado comum com nossos vizinhos do sul, é tarefa urgente pensarmos numa tributação igualmente comum, pelo menos harmonizada, com alíquotas senão iguais, próximas, para que não haja privilégios fiscais para os agentes econômicos, uns em relação aos outros. Devemos adotar uma política de isenções semelhantes, onde o resultado final seja o menor número possível de bens e serviços isentos, para que o sistema possa funcionar de forma neutra e transparente. (BALTHAZAR, 1998, P.199).

Celso Maran de Oliveira é de opinião semelhante a Balthazar, ao defender a necessidade de harmonização das legislações nacionais no âmbito do Mercosul, especialmente em relação aos pontos causadores de distorções, no caso, inicialmente o IVA e o ICMS, buscando-se uma alíquota comum.

Oliveira continua afirmando que não há coerência na cobrança, por exemplo, no caso brasileiro, de impostos incidentes sobre mercadorias e serviços (ICMS) de produtos oriundos dos Estados-Partes, devendo-se dar tratamento equiparado a esses produtos provenientes do Mercosul e aos nacionais, é o que dispõe o art. 7º do Tratado de Assunção, bem como no art. 1º menciona-se os objetivos do processo e a reiteração pelo art. 5º.

Há nesse caso uma desconformidade no que está estipulado nos artigos do Tratado de Assunção com relação ao tratamento igualitário e o disposto no art. 155, § 2º, incs. IV, V, I e VII da Constituição do Brasil, que não oferece qualquer tratamento preferencial com relação ao ICMS para os provenientes do exterior, mesmo dos Estados-Partes.

Portanto, quando um produto originário de um Estado-Parte do Mercosul entra no Brasil, e ainda não esteja a gozar de alíquota zero, verá incidir sobre o mesmo, além do imposto de importação, o ICMS para a comercialização dentro do Brasil, e de competência dos governos estaduais.

No capítulo seguinte discorrerei sobre os principais aspectos dos tributos internos para o processo de harmonização tributária entre os dois países.

CAPÍTULO 12

PANORAMA DOS TRIBUTOS INTERNOS SOBRE O CONSUMO NO BRASIL E NA ARGENTINA

> *"Todos los tributos internos sobre al consumo contienen el 'hecho imponible de la importación'; este presupuesto pretiende (desde una óptica político-financiera) imponer a los productos sujetos procedentes del extranjero un gravamen semejante al de aquellos que se producen en el territorio nacional"*
>
> — Albert Hensel

A partir deste ponto, faço uma descrição analítica dos tributos internos que têm repercussão nas relações comerciais entre Brasil e Argentina, mais especificamente aqueles incidentes sobre produtos e serviços oriundos do exterior, a fim de que fique delineado o campo de normatização necessário a uma harmonização tributária entre os dois países.

SISTEMA TRIBUTÁRIO ARGENTINO

As importações de bens e serviços na Argentina podem ser alcançadas pelos chamados impostos internos sobre o consumo. Eles podem ser classificados em dois grandes sistemas[148]:

- **a.** Os impostos gerais sobre o consumo, em que a imposição se dá nas etapas de industrialização e comercialização da maioria dos produtos e serviços, exceto aqueles expressamente excetuados, tendo finalidade arrecadatória, como por exemplo o IVA;
- **b.** Os impostos seletivos ou específicos sobre o consumo, os quais gravam somente alguns produtos e serviços, taxativamente enumerados pela respectiva norma, como por exemplo os impostos internos.

A doutrina não é uniforme na utilização da terminologia para espécies tributárias, utilizando denominações tais como: **imposto seletivo sobre o consumo** ou **imposto sobre consumos específicos**.

Focaremos nossa análise inicialmente sobre os impostos mencionados no item b. Historicamente, as origens destes tributos estão nas antigas colônias espanholas.

148 LUCIOLI. Estela R. *Régimen Tributario Argentino (Impuestos Internos)*. Buenos Aires: Abeledo Perrot, 2010.

Durante o segundo governo de Rosas surgiram as chamadas patentes ou licenças sobre bebidas alcoólicas, tabacos e joias. A partir da lei de impostos internos n° 2774, de 1891, várias outras se sucederam, gravando ou desgravando produtos e serviços (Leis 13.648, 21.425, 21.930, 24.674 e 25.239).

Efetivamente os impostos internos podem ser considerados indiretos, com finalidade arrecadatória, incidentes em única etapa da circulação (fabricação ou importação), com finalidades extrafiscais, pois visam desestimular o consumo de produtos supérfluos ou nocivos à saúde, como cigarros, tabaco, bebidas alcoólicas por exemplo.

No tocante à sua incidência na importação (alíquota de 130%), esta se dá no momento em que o importador adquire a titularidade do bem, ou seja, despacho aduaneiro do mesmo. As vendas posteriores são também alcançadas pelo tributo. A necessidade de se manter a equiparação entre a carga tributária sofrida pelos produtos nacionais e aquela arcada pelos produtos importados faz com que todos os tributos internos sobre o consumo contenham fatos geradores referentes a importações. Assim assinala Hensel[149]: "*Todos los tributos internos sobre al consumo contienen el 'hecho imponible de la importación'; este presupuesto pretiende (desde una óptica político-financiera) imponer a los productos sujetos procedentes del extranjero un gravamen semejante al de aquellos que se producen en el territorio nacional*".

Em sentido semelhante, Rosembuj[150] considera que os tributos internos estão relacionados a direitos aduaneiros sobre a importação e exportação e que não há impedimento para que o Estado possa gravar, a qualquer momento, a importação com um gravame equivalente a um imposto interno, em consonância com o parágrafo 2 do artigo III do GATT (em relação a um produto semelhante).

Devemos acrescentar ainda a este elenco de impostos seletivos aquele incidente sobre combustíveis líquidos e gás natural, instituído na lei 23.966, artigo 1°, estabelecendo a sua incidência em todas as etapas de circulação desses produtos no território da nação, a título oneroso ou gratuito, de origem nacional ou importado, conforme o disposto no artigo 4° da norma. O recolhimento do tributo será realizado no momento do desembaraço aduaneiro, juntamente com os direitos aduaneiros

---

149 HENSEL. Albert. *Derecho Tributario*. Madrid-Barcelona: Ed. Marcial Pons, 2005, p. 189-190.

150 ROSEMBUJ. Tulio. *Los Impuestos y La Organización Mundial del Comercio*. Barcelona: Ed. El Fisco, 2007, p. 233 y 237.

(direito de importação ad valorem ou específico) e o Imposto sobre o Valor Agregado –IVA-.

Nas importações, são formas impositivas também, além dos direitos de importação, outras formas dele decorrentes como o "imposto de equiparação de preços", cobrado sobre a diferença entre um preço tomado como base e outro que serve como referência de comparação. O preço base pode ser aquele pago ou a pagar pela mercadoria importada ou, na sua falta ou sendo ele não considerado, o preço de mercadoria idêntica ou similar importada. Outra forma impositiva são os direitos anti-dumping ou os direitos compensatórios, cobrados respectivamente sobre importações realizadas com prática de dumping ou subsídios.

Temos ainda o "Impuesto a las Ganancias", uma espécie de imposto de renda incidente nas importações definitivas de bens. Sua alíquota é de 3%, aplicada sobre o mesmo valor de base de cálculo tomada para a cobrança dos direitos de importação, acrescido de todos os tributos incidentes na respectiva operação.

As taxas constituem outras espécies tributárias que gravam as importações. Temos a "Taxa de Estatística"[151], de natureza *ad valorem*, cobrada sobre as importações e exportações, quando houver uma prestação de serviço de estatística e a "Taxa de Comprovação", também de natureza ad valorem, incide sobre o serviço de comprovação de cumprimento das obrigações exigidas do importador, para fruição de determinado benefício fiscal. Podem ser exigidas ainda a "Taxa de Serviços Extraordinários", cobradas por serviços aduaneiros em horários não úteis e a "Taxa de Armazenagem", quando o fisco arca com o ônus de ser depositário da mercadoria importada.

Na classificação de tributos anteriormente exposta, encontra-se o tributo mais amplo em termos de campo de incidência; no sistema tributário argentino (letra "a" na lista). Trata-se do IVA, um tributo que tem suas origens na "alcabala", tributo aplicado na América espanhola, a partir de 1591, incidindo sobre as múltiplas etapas de circulação econômica, com uma alíquota que atingiu o patamar de 6%. Foi adotado na Europa Ocidental para facilitar a integração econômica da Comunidade Européia e como passo necessário para acelerar a liberalização efetiva da circulação de pessoas, bens e serviços e capitais. Em 1952, M. Lauré – funcionário do Ministério da Fazenda francês propôs sua

151 Esta taxa não é cobrada sobre importações oriundas dos países do Mercosul, a alíquota é de 0,50%, limitada ao montante de US$ 500,00 (Decretos 389/1995, 108/1999 e 690/2002)

implantação, mas foi a partir de 1962 que o tributo mais se difundiu, quando do advento do Comitê Neumark. Este documento recomendava fundamentalmente a adoção do imposto sobre o valor agregado, como primeira e provavelmente mais importante etapa da tendência de harmonização fiscal dos países componentes do Mercado Comum Europeu[152].

A primeira lei referente ao IVA em vigor na Argentina foi a de número 20.631 de 31/12/73, vigente a partir de 01/01/75.

Jarach[153] ensina que a característica fundamental deste imposto é a fragmentação do valor de bens e serviços que são comercializados ou prestados, submetendo-os ao tributo em cada uma das etapas de negociação, de tal forma que na etapa final se grave o valor final dos bens ou serviços e nada além deste valor.

De fato, o IVA argentino é um derivado do imposto sobre vendas. É cobrado sobre o valor agregado em cada etapa de circulação econômica dos bens e serviços, inclusive nas importações.

Nos termos do artigo 1º da lei 23.349, de 1986, e alterações posteriores, seus fatos geradores incluem as operações de importações definitivas de coisas móveis e prestações de serviços realizadas no exterior em que o beneficiário se situe no país e seja contribuinte de outros tributos. Portanto, como preleciona Vizcaíno[154], o tributo incide sobre todas as vendas e importações de coisas móveis compreendidas na norma, exceto as isentas enumeradas nos artigos 7º e 8º da lei ou excluídas a *contrario sensu* ou expressamente pelos artigos 1º, 2º, e 3º da lei. São também objeto de incidência do tributo as obras, locações e prestações de serviços incluídas no artigo 3º, exceto as isenções estabelecidas nos artigos 7º e 8º. Estas prestações de serviços, incluídas como fatos imponíveis pela Lei 25.063, deve-se compreender como importações de serviços[155].

Cabe destacar que a incidência do IVA nas importações depende da definitividade destas, não compreendendo a importação temporária

152 KAPLAN. Hugo E. *Historia de La Tributación Argentina (1810-2010)* – Directores Horacio A. García Belsunce y Vicente Oscar Díaz. Buenos Aires: Associación Argentina de Estudios Fiscales, 2010, p. 807.

153 JARACH. Dino. *Finanzas públicas y derecho tributario*. Buenos Aires: Ed. Cangallo, 1983, p. 839.

154 VIZCAÍNO. Catalina García. *Derecho Tributario*. Buenos Aires: Ed. Depalma, 2002, p. 237.

155 A alíquota geral do IVA é de 21%, sendo reduzida a 10,5% para alguns produtos dos setores agropecuário, de bens de capital e de obras de arte. (Coleção Estudos e documentos de Comércio Exterior - Argentina, 2012, p. 52). VILLEGAS. Héctor B. *Curso de Finanzas, Derecho Financiero y Tributario*. Buenos Aires: Editorial Astrea, 2009, pgs. 289-793.

prevista no artigo 250 do Código Aduaneiro, como afirma Vizcaíno,. O próprio artigo 4º, inc. 'c' da Lei 25.063 enquadra como contribuintes do imposto aqueles que importem definitivamente coisas móveis em seu nome, por sua conta ou por conta de terceiros.

Do ponto de vista constitucional, o IVA está enquadrado nas faculdades concorrentes da Nação e das províncias, significando que a Nação estabelece o gravame em todo o território nacional em forma permanente, entretanto, o tributo está compreendido no sistema de co-participação vigente. Refere-se ainda a seu regulamento procedimental disposto na lei 11.683, sendo tributo aplicado, fiscalizado e arrecadado pela AFIP (Administração Geral de Ingressos Públicos), através da DGI (Direção Geral Impositiva), ficando facultada à Administração Nacional de Aduanas a arrecadação do tributo nas importações definitivas.

A AFIP criou os chamados "Regimes de Percepção" através dos quais são cobrados o "Adiantamento do Imposto de Renda" e o "IVA Adicional" (criados pelas Resoluções Gerais 2.281/2007 e 2.937/2010, respectivamente), em vigor a partir de 10/09/2012. Com a Resolução 3.373/2012, que revogou o chamado Certificado de Validación de Datos de Importadores (CVDI – Resolução Geral 2.238/2007), as alíquotas do IVA Adicional e do Adiantamento do Imposto de Renda foram elevadas para os seguintes níveis (Coleção Estudo e Documentos de Comércio: Argentina, 2012, p. 53-54):

> IVA Adicional - Todos os Importadores: alíquota de 20%; Produtos destinados ao consumo próprio da empresa (bens de uso) e para uso ou consumo particular do importador (persona física): alíquota de 0%; Base de Imposição: valor aduaneiro + impostos de importação e taxas; Adicional do Imposto de Renda ao Importador: Bens para comercializar: 6% / Bens de uso ou consumo particular do importador (pessoa física): 11% / Bens de uso: 0%; Base de Imposição: valor aduaneiro + impostos de importação e taxas.

Outro tributo que se pode inserir na letra 'a' da classificação de Estela Lucioli[156] é o "imposto sobre os ingressos brutos". É um tributo provincial e indireto, cujo fato gerador, em termos gerais, é o exercício habitual e

156 LUCIOLI. Estela R. *Régimen Tributario Argentino (Impuestos Internos).* Buenos Aires: Abeledo Perrot, 2010.

oneroso em cada jurisdição, do comércio, indústria, profissão, ofício, negócio, locações e bens, serviços, investimentos de capital de qualquer natureza[157]. Mediante a alíquota base zero, os Estados provinciais não renunciam à competência para arrecadar o imposto, isto é, existe o fato gerador, o sujeito passivo, a base de cálculo, mas em relação à atividade comercial com o Mercosul, não há alíquota a aplicar.

Mencione-se ainda o Chamado "Adiantamento do imposto sobre os ingressos brutos" do importador, que incide sobre a importação de produtos destinados a revenda, realizada por contribuintes do imposto, cadastrados nas respectivas jurisdições provinciais, com alíquota geral de 1,5% (2,25% na Cidade Autônoma de Buenos Aires e 3% na província de Mendoza), estando isentas do imposto as importações de bens de uso e de mercadorias destinadas a consumo ou uso particular do importador. A base de cálculo do tributo inclui o valor aduaneiro, acrescido dos impostos de importação e taxas.

SISTEMA TRIBUTÁRIO BRASILEIRO

Dividiremos esta parte do estudo em três subitens: o primeiro abordará os **tributos da competência da União incidentes na importação de bens e serviços**. O Segundo tratará dos **tributos estaduais** e o terceiro dos **tributos municipais**.

Iniciaremos referindo ao IPI, tributo já mencionado, tendo sido introduzido em nosso ordenamento jurídico pela Lei 4.502, de 30/11/1964 (antigo imposto sobre consumo), com alteração promovida pela Emenda Constitucional 18/65, quando passou à sua denominação atual. Nos termos do art. 1º da supracitada lei, e art. 1º do Decreto-Lei 36/66, ele incide sobre produtos industrializados de procedência estrangeira, tendo como fato gerador o desembaraço aduaneiro (art. 2º, I, da Lei 4.502/64).

A base de cálculo é o valor que serviu para estipular o Imposto de Importação, acrescido deste imposto e dos encargos cambiais efetivamente pagos pelo importador ou dele exigíveis (art. 14, inciso I, alínea 'b' da Lei 4.502/64) e a alíquota é aquela prevista na Tabela de Incidência do Imposto sobre Produtos Industrializados - TIPI - sendo possível a alteração dessas alíquotas no limite do artigo 4º do Decreto-Lei 1.199, de 27/12/1971 (redução e majoração até 30%).

---

157 COLANINO, AICHINO E BILLARDI. Antonio Zino, Juan O. Zanotti e Cristian J. *Curso De Derecho Tributario Internacional*, Tomo II. (Coordinado por Victor Uckmar). Bogotá: Editorial Temis S/A, 2003.

Há quem considere este tributo um adicional do Imposto de Importação, quando se importa um produto industrializado. Trata-se de um imposto que incide duas vezes. Neste sentido, se se importa um produto industrializado, incide o Imposto de Importação; se se importa um produto industrializado, incide o Imposto de Importação acrescido do IPI, que funciona como um adicional daquele[158].

Mencione-se também que a incidência deste tributo está normatizada nos artigos 46 a 51 do CTN e no artigo 35 do seu regulamento (Decreto 7.212/2010 – RIPI), estando definido neste dispositivo o importador como contribuinte do imposto, quando do desembaraço aduaneiro de produto de procedência estrangeira. A base de cálculo é o valor que servir ou que serviria para estipular o Imposto de Importação, por ocasião do despacho aduaneiro, acrescido do montante desse imposto e dos encargos cambiais efetivamente pagos pelo importador ou dele exigíveis (art. 14, I, da Lei 4.502/64).

Outras espécies tributárias exigíveis nas importações são as Contribuições Sociais PIS-Importação e Cofins-Importação. Instituídas respectivamente pelas Leis Complementares 7/1970 e 70/1991, passaram a incidir nas operações de importação com a edição da Lei 10.865/2004, em seu artigo 1º.

A competência para exigir estas contribuições nas importações foi concedida à União pela Emenda Constitucional 42, de 19/12/2003.Nos termos dos artigos 3º e 4º da Lei 10.865/2004, o fato gerador das contribuições na importação é a entrada de bens estrangeiros em território nacional, considerando-se ocorrido o mesmo: I – na data do registro da declaração de importação de bens submetidos a despacho para consumo; II- no dia do lançamento do correspondente crédito tributário, quando se tratar de bens constantes de manifesto ou de outras declarações de efeito equivalente, cujo extravio ou avaria for apurado pela autoridade aduaneira; III- na data do vencimento do prazo de permanência dos bens em recinto alfandegado, se iniciado o respectivo despacho aduaneiro antes de aplicada a pena de perdimento, na situação prevista pelo art. 18 da Lei 9.779, de 19 de janeiro de 1999.

As alíquotas previstas para o PIS-importação e Cofins-importação de bens são respectivamente 2,1% e 9,65% (art. 8º da Lei 10.865/2004) e a base de cálculo (motivo de contestações judiciais porque diferia do

158 VIEIRA. José Roberto. A regra-matriz de incidência do IPI: texto e contexto. Curitiba: Juruá, 1993, p.98.

valor aduaneiro)[159], por conta da Lei 12.865/2013 (que alterou o art. 7° da Lei 10.865/2004), passou a ser simplesmente o valor aduaneiro[160].

Destaco ainda que estas contribuições incidem também nas importações de serviços (com alíquotas de 1,65% e 7,6%, respectivamente), nos termos do artigo 1° da Lei 10.865/2004, estando o fato gerador definido no artigo 3°, II como "o pagamento, a entrega, o emprego ou a remessa de valores a residentes ou domiciliados no exterior como contraprestação por serviço prestado". A base de cálculo, conforme artigo 7° da mesma norma é o valor pago, creditado, entregue, empregado, ou remetido para o exterior, antes da retenção do imposto de renda, acrescido do Imposto sobre serviços de qualquer natureza - ISS e do valor das próprias contribuições.

Greco e Rocha[161] entendem que a base de cálculo das contribuições nas importações de serviços estaria também (assim como nas importações de bens) incompatível com a regra do art. 149, parágrafo 2°, III, 'a', da Constituição Federal. Discordo dessa posição, tendo em vista que, na importação de serviços não há que se falar em 'valor aduaneiro', mas pagamento ou remessa por serviço importado. Na redação do dispositivo acima, a interpretação mais correta seria a de aplicar aos serviços a base de cálculo 'valor da operação', termo este também previsto na redação do dispositivo acima referido. Há autores como Dallazem[162] que consideram inconstitucionais as novas incidências das contribuições sobre as importações de bens e serviços, por ofensa ao & 4° do artigo 185 da Constituição Federal. Em suas palavras:

> Repita-se que a importação já é grandeza que sofre a percussão tributária, de acordo com o previsto no artigo 153, I, do Texto Supremo. (...) Assim, a conclusão é a de que a

159 O STF considerou inconstitucional a base de cálculo das contribuições, estabelecida para a importação de bens, como definida pela Lei 10.865/2004, decidindo que ela corresponderia ao valor aduaneiro.(Recurso Extraordinário 559.607).

160 Assim como acima afirmado para o IPI, Folloni (2005) defende também que estas contribuições seriam adicionais do Imposto de Importação, porque "têm idênticas hipóteses de incidência e suas bases de cálculo confirmam-nas". Sustenta ainda tratar-se do mesmo tributo, por apresentarem identidade no binômio hipótese de incidência/base de cálculo (FOLLONI, 2005, p. 148)

161 GRECO, ROCHA. Marco Aurélio, Sergio André. *Manual de Direito Tributário Internacional.* São Paulo: Ed. Dialética, 2012

162 DALLAZEM. Dalton Luiz. *O Impacto Econômico da Incidência de PIS/Pasep e Cofins sobre a importação de bens e serviços – Equilíbrio ou desequilíbrio entre produtos nacionais e importados?* In Temas Atuais de Direito Aduaneiro. São Paulo: Lex Ed. S/A, 2008, p. 180.

> Emenda Constitucional n° 42/03, na parte em que inseriu o inciso II ao & 2º do artigo 149 e o inciso IV ao artigo 195, é inconstitucional por ofensa à cláusula pétrea de proteção dos contribuintes (artigo 195, & 4º). Da mesma forma, inconstitucional a Lei que se lhe seguiu, na parte em que instituiu as contribuições aqui questionadas – Lei n° 10.865/04 (artigos 1º a 20). (DALLAZEM, 2008, p.180).

Outra contribuição da competência da União, incidente nas importações de bens é a "Contribuição de Intervenção no Domínio Econômico", ou simplesmente 'Cide'. Autorizada a sua instituição pela Emenda Constitucional 33/2001, que alterou a redação do artigo 149 do texto magno, o tributo foi instituído pela Lei 10.336, de 19/12/2001, prevendo sua incidência sobre a importação de petróleo e seus derivados, gás natural e seus derivados e álcool combustível, é cobrada através de alíquotas específicas por unidade de medida de produto importado (as alíquotas específicas são estabelecidas em ato normativo específico (Lei 10.336/2001, art. 5º, caput, na redação da Lei 10.636, de 30/12/2002).

No âmbito da competência da União, considerada também uma contribuição de intervenção no domínio econômico[163], temos o Adicional ao Frete para Renovação da Marinha Mercante – AFRMM - Instituído originariamente pelo Decreto-lei 2.404, de 23/12/1987, este foi largamente alterado pela Lei 10.893, de 13/07/2004. O artigo 3º desta norma prescreve que o tributo

> (...) destina-se a atender aos encargos de intervenção da União no apoio ao desenvolvimento da marinha mercante e da indústria de construção e reparação naval brasileiras, e constitui fonte básica do FMM.

No artigo 5º, descreve-se seu fato gerador, ou seja, "o AFRMM incide sobre o frete, que é a remuneração do transporte aquaviário da carga de qualquer natureza descarregada em porto brasileiro", sendo contribuinte, conforme previsão do artigo 10, o cossignatário da carga. A base de cálculo, nos termos do artigo 6º é o valor da remuneração dos serviços de transporte aquaviário, nela incluindo-se todas as despesas

163 Súmula 553 do STF: "O Adicional ao Frete para a Renovação da Marinha Mercante (AFRMM) é contribuição parafiscal, não sendo abrangido pela imunidade prevista na letra d, inciso III, do artigo 18, da Constituição Federal".

portuárias com manipulação da carga, conforme o conhecimento de embarque (art. 5º, § 1º da Lei). A alíquota é de 8%, aplicável à base de cálculo definida.

Por fim, no âmbito dos tributos da competência da União, temos ainda as taxas de Utilização do Sistema Integrado de Comércio Exterior (Siscomex) e do Sistema de Arrecadação do AFRMM (Sistema Mercante). A primeira, foi instituída pela Lei 9.716, de 26/11/1998, a ser recolhida pelos contribuintes que utilizem aquele sistema informatizado e segunda é devida pelos contribuintes que utilizam o sistema informatizado de arrecadação do AFRMM.

No tocante à competência tributária dos Estados e do Distrito Federal, o ICMS teve seu antecedente mais próximo o ICM, que também era não cumulativo, no entanto, incidia somente sobre a circulação de mercadorias.

O ICMS incide sobre a circulação de mercadorias e prestações de serviços de transporte interestadual, intermunicipal e de comunicação, ainda que as operações e prestações se iniciem no exterior. Há quem afirme a existência de vários impostos unidos sob a sigla do ICMS.

Carrazza (1996, apud Gomes, 2006) entende existirem cinco impostos diferentes: "**a**) o imposto sobre operações mercantis (operações relativa à circulação de mercadorias; **b**) o imposto sobre serviços de transporte interestadual e intermunicipal; **c**) o imposto sobre serviços de comunicação; **d**) o imposto sobre produção, importação, circulação, distribuição ou consumo de lubrificantes e combustíveis líquidos e gasosos e de energia elétrica; e, **e**) o imposto sobre a extração, circulação, distribuição ou consumo de minerais.

Esta posição é contestada por Coêlho[164], para quem:

> O imposto incide sobre operações relativas a: circulação de mercadorias; prestação de serviços de transporte interestadual e intermunicipal (excluídos os municipais sujeitos ao ISS e os internacionais, imunes e isentos); prestações de serviços de comunicação. Não são três impostos, mas um só, sobre circulação de mercadorias e serviços específicos, pois a não cumulatividade os interliga. Somente o transporte de pessoas pode se constituir em subimposto. O IVA na Europa abrange

164 COELHO. Fabio Ulhoa. *Curso de Direito Comercial*. São Paulo: Editora Saraiva, 1999, vol.1, p. 51.

> os serviços de profissionais liberais e construção civil. A doutrina jamais chegou a predicar que o IVA é miríade de impostos. (COÊLHO, 1999, p. 329)

Para efeito de nossa análise (ICMS nas operações de importação), cabe observar que o tributo deve ser cobrado pelo Estado ou pelo Distrito Federal onde estiver localizado o estabelecimento destinatário da mercadoria, bem ou serviço, e a sua exigência far-se-á no momento do desembaraço aduaneiro. A sujeição passiva é definida pela Lei Complementar 87/96, em seu artigo 4º, enquadrando-se como tal qualquer pessoa, física ou jurídica, que realize, com habitualidade ou em volume que caracterize intuito comercial, operações de circulação de mercadoria ou prestações de serviços alcançadas pela incidência do tributo, ou ainda qualquer pessoa física ou jurídica que, mesmo sem habitualidade ou intuito comercial importe mercadorias ou bens do exterior, qualquer que seja a sua finalidade, ou seja destinatária de serviço prestado no exterior ou cuja prestação se tenha iniciado no exterior.

Durante algum tempo, foi discutida e contestada a possibilidade de exigência do ICMS nas importações realizadas por pessoas físicas ou por pessoas jurídicas não contribuintes do imposto. Esta questão foi dirimida com a edição da Emenda Constitucional 33, de 11/12/2001, que alterou a redação do inciso IX, alínea 'a', do artigo 155 da CF, estabelecendo-se a exigência do tributo,

> (...) sobre a entrada de bem ou mercadoria importados do exterior, por pessoa física ou jurídica, ainda que não seja contribuinte habitual do imposto, qualquer que seja a sua finalidade, assim como sobre o serviço prestado no exterior, cabendo o imposto ao Estado onde estiver o domicílio ou o estabelecimento do destinatário da mercadoria, bem ou serviço.

Neste sentido, a Lei Complementar 114, de 16/12/2002 alterou a redação da Lei Complementar 87/96, definindo em seu artigo 4º, a redação já mencionada[165].

---

165 Vita (2009, p. 260) defende a existência de dois impostos: "ICMS nacional: imposto sobre operações relativas a circulação de mercadorias (ICMS mercadorias); prestação de serviços de comunicação e transporte intermunicipal e interestadual (ICMS serviços); e, ICMS internacional: incidente sobre importação de bens (ICMS-importação mercadorias); e serviços de comunicação e transporte (ICMS-importação serviços).

Folloni[166] e outros autores entendem que a Emenda Constitucional ampliou a competência tributária dos Estados permitindo-lhes a instituição de Imposto de Importação, com hipótese de incidência e base de cálculo, em nível constitucional, idênticos aos daquele imposto cuja competência impositiva permanecia reservada à União.

Relativamente ao aspecto base de cálculo, A Lei Complementar 87/96 dispõe, em seu artigo 13, V, na redação da Lei Complementar 114/2002, que ela compreenderá a soma do valor da mercadoria ou bem constante dos documentos de importação, do valor do Imposto de Importação, do IPI, do Imposto sobre Operações de Câmbio e de quaisquer outros impostos, taxas, contribuições e despesas aduaneiras. Conforme o disposto no & 1° do mesmo artigo 13, o tributo compõe sua própria base de cálculo, também nas importações. Por "despesas aduaneiras" entendemos serem aquelas pagas à aduana (fisco federal) tais como: diferenças tributárias detectadas após ações fiscais de revisão aduaneira e multas por infrações à legislação aduaneira. Na importação de serviços, a base de cálculo é o valor da prestação do serviço, acrescido, se for o caso, de todos os encargos relacionados com sua utilização (artigo 13,VI da Lei Complementar 87/96).

Quanto às alíquotas, estas são definidas pela legislação estadual, com as limitações do texto constitucional (art. 155, §2°, IV), que atribui ao Senado Federal, através de Resolução, estabelecer as alíquotas aplicáveis às operações e prestações interestaduais e de exportação.

No que concerne à competência impositiva municipal, relativamente a tributação nas importações, temos o Imposto sobre Serviços de Qualquer Natureza, - ISS -. Com desenho constitucional estabelecido no artigo 156, III, da CF, sua normatização nacional dá-se através da Lei Complementar 116/2003. O Parágrafo primeiro do artigo 1° desta norma prevê a sua incidência nos serviços prestados no exterior ou cuja prestação se tenha iniciado no exterior. Na realidade, o fato gerador deste tributo na importação de serviços ocorre quando da prestação de serviços previstos na lista anexa à Lei Complementar.

Existem questionamentos acerca da possibilidade constitucional de cobrança deste tributo nas importações de serviços. Shoueri[167] por sua vez, manifesta-se favoravelmente à sua cobrança, desta forma:

---

166 FOLLONI. André Parmo. *Tributação sobre o Comércio Exterior*. São Paulo: Ed. Dialética, 2005, p. 129. Outros autores adotam este posicionamento tais como Carrazza (2007) (*Apud* Greco e Rocha, 2012) e outros elencados por Greco e Rocha (2012)

167 SHOUERI. Luis Eduardo. *ISS sobre a importação de serviços do exterior*. Revista Dialética de Direito Tributário n° 100. São Paulo: Dialética, dezembro de 2003, pp. 39-51.

> Não parece cabível questionar a constitucionalidade da lei complementar pelo fato de o desenvolvimento do serviço ocorrer no exterior. Afinal, enquanto o constituinte, ao versar sobre o imposto estadual, depositou ênfase em seu aspecto material (operações relativas a circulação de mercadoria e prestação de serviços de transporte interestadual e intermunicipal e de comunicação) – o que exigiu que o próprio constituinte tratasse de admitir sua incidência para os casos de importações – no caso do imposto municipal, vê-se que este incide sobre serviços de qualquer natureza. Daí, pois, a possibilidade de tributar-se um serviço cujo resultado verifique-se no País, ainda que seu desenvolvimento (a prestação propriamente dita) tenha ocorrido no exterior. (SHOUERI, 2003, p. 39)

Em sentido contrário, não admitindo a exigência do tributo quando o serviço tenha sido prestado integralmente no exterior, Greco e Rocha[168] teorizam: "*Concordamos que não há qualquer incompatibilidade constitucional na LC n° 116/2003 quando se trata de serviços executados, ao menos parcialmente, no Brasil. Contudo, nos casos em que o serviço foi integralmente prestado no exterior, entendemos que a conclusão seria distinta*".

Mais adiante, utilizando-se para argumentação um paralelo com o desenho constitucional do ICMS, que tem previsão para a exigência do imposto nos serviços prestados no exterior, os autores escrevem: "*Com efeito, como se pode inferir da análise do Inciso IX do parágrafo 2º do artigo 155 da Constituição Federal, em relação ao ICMS estabelece a Constituição que este imposto incide '(....) sobre o serviço prestado no exterior, cabendo o imposto ao Estado onde estiver situado o domicílio ou o estabelecimento do destinatário do (....) serviço'. Ora, não parece que esta previsão esteja inserida na Lei Maior por acaso, sendo a mesma decorrência do fato de que, também em relação ao ICMS, caso não houvesse previsão constitucional explícita, não se poderia falar em tributação de serviços integralmente prestados no exterior*".

A matéria comporta mais discussões, o que foge ao intuito do nosso estudo, sendo melhor aguardar que seja analisada e decidida pelos tribunais superiores pátrios.

---

168 GRECO, ROCHA. Marco Aurélio, Sergio André. *Manual de Direito Tributário Internacional.* São Paulo: Ed. Dialética, 2012.

Quanto às alíquotas elas são fixadas pelas respectivas leis municipais, com as limitações dispostas no artigo 156, § 3º, I da CF (fixação das alíquotas máximas por lei complementar).

No capítulo seguinte discorrerei sobre alternativas instrumentais para a harmonização tributária entre Brasil e Argentina.

CAPÍTULO 13

ALTERNATIVAS INSTRUMENTAIS PARA HARMONIZAÇÃO TRIBUTÁRIA ENTRE BRASIL E ARGENTINA

> *"(...) aprobar tratados de integración que deleguen competencias y jurisdicción a organizaciones supraestatales en condiciones de reciprocidad e igualdad, y que respeten el orden democrático y los derechos humanos"*
>
> — Enrique G. Bulit Goñi

Em outras partes deste livro, expusemos a discussão teórica sobre a relação entre normas internacionais e direito interno, enfatizando a posição hierárquica adotada pelo direito de cada país, em especial Brasil e Argentina.

Neste capítulo vamos vislumbrar a possibilidade jurídica da instrumentalização de uma harmonização tributária no contexto das relações entre Argentina e Brasil através de tratados internacionais ou mesmo através de normas oriundas dos órgãos internos do Mercosul, podendo-se, inclusive, no primeiro caso (tratados internacionais), regular tributos internos, da competência de entes subnacionais, enfocando as relações de influência entre os tratados internacionais em matéria tributária e a repercussão destes nas legislações nacionais sobre tributos internos no Brasil e na Argentina.

INTEGRAÇÃO PRODUTIVA, POLÍTICAS INDUSTRIAIS E INCENTIVOS FISCAIS

No tocante à integração produtiva através de políticas industriais, existiam assimetrias percebidas no início do processo de integração promovido pelo Mercosul, e estas assimetrias foram acentuadas nos anos de 1990 e agravadas durante as crises macroeconômicas do final daquele decêndio. No início do processo de liberalização comercial, a Argentina tinha uma estrutura produtiva muito mais vulnerável que a brasileira, devido ao processo de desindustrialização iniciado 15 anos antes. Além disso, a abertura comercial brasileira apresentou clara discriminação, protegendo setores ou promovendo-os [169].

Bekerman e Dalmasso afirmam que estas medidas protecionistas não foram adotadas, exceto algumas medidas *ad hoc*, como a imposição da taxa de estatística. Também no setor de bens de capital houve aprofundamento das assimetrias, gerando aumento significativo das exportações brasileiras para a Argentina.

169 Complexo automotivo, informática, e os eletrônicos (eletrodomésticos, comunicações, e, em especial, a telefonia móvel), têxteis e calçados, certos segmentos da indústria de bens de capital, indústria naval e aeronáutica. Bekerman e Dalmasso, 2011, p. 71)

No aspecto das políticas tributárias e de promoção industrial, eles entendem que, na Argentina, as principais ferramentas de promoção do investimento produtivo e dos setores específicos estão vinculadas à concessão de benefícios tributários[170], tendo sido utilizados instrumentos horizontais similares aos aplicados pelo Brasil, quais sejam: redução impositiva à aquisição de bens de capital, de informática e telecomunicações (BIT), redução do saldo técnico do IVA à venda e importação desses bens de 21,5% para 10,5% e devolução antecipada de impostos internos incidentes sobre bens de capital e amortização acelerada.

Ainda conforme os autores acima citados, na Argentina, são utilizados ainda os mecanismos de "drawback" e de evitar "exportar impostos", a partir da restituição, como crédito fiscal, do IVA incidente sobre os bens exportados, ao passo que, no Brasil, esses mecanismos vêm sendo utilizados, mas as modalidades desses regimes são a isenção ou a suspensão de tributos (no país se concede um reembolso [reintegro] sobre as exportações já concretizadas).

Ainda com relação às políticas setoriais, a escolha e a promoção de setores estratégicos apresentam no Brasil mais coerência e constância do que na Argentina, pois os setores de bens de capital, complexo automotivo, aeronáutico, siderurgia, celulose e papel, eletrônicos de consumo entre outros têm sido objeto de apoio estatal contínuo desde o início dos anos de 1990.

Acrescentam também os mesmos autores do estudo que, nas primeiras décadas do século XXI, analisando comparativamente as políticas setoriais argentina e brasileira, há certas semelhanças e diferenças. Dentre as semelhanças, o caráter estratégico dado à produção e à exportação de software e serviços de informática, à promoção de áreas intensivas em conhecimento e com perspectivas no longo prazo (biotecnologia, nanotecnologia e biocombustíveis), nas quais são realizados, inclusive esforços conjuntos, e também aos regimes automotivos herdados dos anos 1990.

Entre as diferenças é possível destacar as vinculadas com bens de capital e a inclusão no Brasil do setor de semicondutores, ao passo que na Argentina, embora esteja apoiando o desenvolvimento da indústria

---

170 Segundo estes autores, as estimativas oficiais informam que os benefícios tributários e fiscais teriam representado 78% do custo fiscal total, contra 12% correspondentes a subsídios, em termos de taxas e outras facilidades financeiras, no ano de 2009. (Bekerman e Dalmasso, 2011, p. 75)

eletrônica de consumo (por meio do Regime de Promoção de Terra do Fogo) a promoção nacional de componentes eletrônicos não figura entre as suas prioridades. Acrescentam ainda mencionados autores que outra diferença está no capítulo "Outros Equipamentos de transporte", em que o Brasil orientou os incentivos para a cadeia aeronáutica de mais alto conteúdo tecnológico, enquanto a Argentina concedeu regime especial ao setor de motocicletas e de peças para motocicletas.

Concluindo o estudo, Bekerman e Dalmasso afirmam que a estratégia comercial do Brasil é mais definida e consequente do que a da Argentina. Para eles, o conjunto de instrumentos de fomento às exportações aparece mais solidamente implementado, conquanto "a combinação de desonerações tributárias aplicadas à produção para a exportação com um financiamento compatível em quantidade e custo com os padrões internacionais permitiu um aumento sustentado das exportações brasileiras. Essa maior coerência do Brasil nas políticas de promoção industrial e de comércio exterior tem gerado uma diferença de competitividade em favor de sua indústria que se revela no grande superávit bilateral de manufaturas de origem industrial observado durante os últimos anos, mesmo num contexto de taxa de câmbio bilateral favorável para a Argentina. Em consequência, o Mercosul tem se tornado o principal destino para as exportações industriais do Brasil."

TRATADOS INTERNACIONAIS E TRIBUTAÇÃO INTERNA NO BRASIL E NA ARGENTINA

No direito brasileiro, a discussão sobre as relações entre tratados internacionais tributários e normas tributárias internas envolve necessariamente o artigo 98 do CTN. Como bem afirmou Ramina[171], a Constituição, em seu artigo 102, II, 'c', "não veda que aos tratados se outorgue, em determinada matéria, superioridade sobre a lei ordinária federal. Por conseguinte, concluímos que, nos limites do direito tributário, reservou-se aos tratados uma disciplina especial, que lhes empresta o art. 98 do CTN."

Em relação à imposição tributária interna, há praticamente uma unanimidade doutrinária quanto à possibilidade de sua regulação por tratado internacional. Defendendo a concessão de isenção de tributos

171 RAMINA. Larissa. *Direito do Comércio Internacional. Pragmática, Diversidade e Inovação*. Contributo ao Estudo da Sistematização e hierarquia do tratados no direito brasileiro – tratado geral, tratados em matéria tributária e tratados de direitos humanos.Curitiba: Ed. Juruá, 2010, p. 209

federais através dos tratados, Borges[172] assegura também esta possibilidade em relação aos tributos das outras esferas governamentais, assim lecionando:

> Tampouco haverá obstáculos normativos se o tratado envolver tributos estaduais, distritais e municipais, quando se entenda, agora acertadamente, que ele é celebrado pela República Federativa do Brasil (CF, art. 5º, &2º). O art. 151, III, Da CF, que veda à União instituir isenções de tributos da competência dos Estados, DF e Municípios, é inaplicável à hipótese, visto que aqui não se trata de limitação de direito intra-estatal, mas de limites interestatais (internacionais e comunitários) à ação tributária unilateral estatal; limites decorrentes do princípio da harmonização tributária, fundamental na estruturação e integração comunitárias. (BORGES, 2005, p. 457).

O autor sacramentando sua convicção, com fulcro no artigo 5º, §2º da CF (que se refere não à União, mas à República Federativa do Brasil) e no artigo 7º do Tratado de Assunção, conclui: "Assim, se for concedida isenção ou redução de imposto sobre circulação, como o IVA, em determinado Estado do MERCOSUL, tal isenção estender-se-á a produto nacional dantes tributado, p. ex., isenção ou redução do ICMS estadual, sem submissão da hipótese, ao art. 155, XII, g, da CF (isenções do ICMS por deliberação interestadual). Se for concedida isenção o redução convencional de imposto sobre serviços, essa desgravação estender-se-á ao ISS dos Municípios, sem fricção com a autonomia municipal".

Ainda no tocante à inaplicabilidade do artigo 151, III, aos tratados internacionais que versem sobre matéria tributária, Santiago[173] cita vasto elenco de autores que aderem ao seu mesmo entendimento, arrimando-se também nas seguintes razões:

> Primeiro porque os tratados que versam matéria tributária não se restrigem a dar isenções, impondo por vezes medidas outras, como a limitação de alíquotas, a concessão de créditos

---

172 BORGES, José Souto Maior. *Curso de Direito Comunitário*. São Paulo: Ed. Saraiva, 2005, p. 449-450.

173 SANTIAGO. Igor Mauler. *Direito Tributário Internacional*. São Paulo: Quartier Latin, 2006, p. 67-68.

> por tributos pagos a outros Estados, etc. (...) Segundo porque, de todo modo, não é a União, mas a República Federativa do Brasil (como diz o art. 5º, & 2º, da Constituição), quem firma tratados, ainda que o faça representada por aquela, nos termos do art. 21, I da Carta. (SANTIAGO, 2006, pp. 48-49).

No tocante à Argentina, importa ressaltar que a Constituição de 1853, na reforma ampla de 1994, em seu artigo 75, item 22, dispõe que compete ao Congresso "aprobar o desechar tratados concluidos con las demás naciones y con las organizaciones internacionales y los concordatos con la Santa Sede. Los tratados y concordatos tienen jerarquía superior a las leyes". Dallari[174] expõe a clareza do dispositivo, deixando induvidoso que questão tão relevante como a da hierarquia dos tratados internacionais dependa da interpretação judicial.

Goñi escora-se no princípio da primazia da Constituição Nacional no ordenamento jurídico argentino, nos termos do seu artigo 35, ressaltando o papel da reforma de 1994, e concluindo que:

> a) Se ha consagrado la supra legalidad de los tratados.
>
> b)Más aun, a los diez tratados que se mencionan expresamente, en las condiciones de su vigencia, se les acuerda jerarquía constitucional.
>
> c) Se autoriza la celebración de tratados de integración que deleguen competencia y jurisdicción a organizaciones supraestatales en condiciones de reciprocidad e igualdad, y que respeten el orden democrático y los derechos humanos.
>
> d) Y se les ha dado a las normas que dicten los órganos previstos por esos tratados, una jerarquía superior a las leyes [175] [176]. (GOÑI, 2013, pp. 289-290).

174 DALLARI. Pedro B. A. *Constituição e Tratados Internacionais*. São Paulo: Ed. Saraiva, 2003.

175 Confirmando as hierarquias constitucional e supralegal dos tratados ,Messineo (2013, p. 319) nos ensina de forma lúcida: "La Constitución Nacional, conforme la reforma de 1994, no sólo plasmó en forma clara la supremacía de los tratados en sus arts. 31 y 75, inc. 22, sino que tambien estableció la distinción de tratados con jerarquía constitucional (contenidos en la norma antes citada) y tratados con carácter supralegal".

176 A superioridade hierárquica dos Tratados Internacionais já havia sido consagrada antes da reforma de 1994, por jurisprudência pacífica da Corte Suprema de Justiça (Fallos: 315:1492, "Ekmekdjian c. Sofovick; 316:1669, "Fibraca Constructora c. Comisión Técnica Mixta de Salto Grande"; 318:514, "Giroldi", entre outros). (Goñi, 2013, Nota de Rodapé 7, p. 289)

Ainda no item 22 do artigo 75, constata-se o estabelecimento de um tratamento distintivo entre os Tratados, onde são citados literalmente os tratados que dispõem de hierarquia constitucional, considerados direitos complementares daqueles previstos no próprio texto constitucional. Referente aos acordos tendentes à integração regional e normas oriundas das organizações internacionais (na forma indicada na lição de Goñi, o artigo 75, item 24 outorga competência ao Congresso Nacional para,

> (...) aprobar tratados de integración que deleguen competencias y jurisdicción a organizaciones supraestatales en condiciones de reciprocidad e igualdad, y que respeten el orden democrático y los derechos humanos[177]. GOÑI. Enrique G. Bulit.

Reforçando o panorama de fixação da hierarquia dos tratados internacionais no direito argentino, Bidart Campos[178] sustenta que a lei posterior que derroga ou reforma um tratado internacional, afeta o princípio da pacta sunt servanda, gerando a responsabilidade do Estado argentino frente a outros Estados. Neste sentido, sempre deve prevalecer o tratado, que tem prioridade sobre a lei. E complementam estes três autores: "En la práctica, Argentina, al suscribir un tratado internacional, utiliza la fórmula de la reserva de la supremacia constitucional por sobre el tratado"[179].

Observe-se que, em relação ao poder de criação dos Tratados, sua celebração cabe ao poder executivo, conforme dispõe o artigo 99, inciso 11 da Constituição Nacional, atribuindo este papel ao presidente da nação. Por sua vez, a aprovação cabe ao Congresso Nacional, como visto anteriormente.

---

177 Sobre o papel do Congresso Nacional no estabelecimento da hierarquia dos Tratados e controle de sua constitucionalidade, Susana Navarrine (2013, p. 283) explica: Los demás tratados o convenciones sobre otras materias gozarán de jerarquía constitucional si así lo deciden las Cámaras del Congreso. Y es allí donde el control de convencionalidad puede tener otro papel que se lo denomina "represivo", por el que se obliga a los jueces nacionales a desaplicar normas internas, aun constitucionales, si se oponen al tratado."

178 CAMPOS. G. Bidart. Tratado Elemental de derecho constitucional argentino. Buenos Aires: Ed. Ediar, 1998, p. 104 e sgs.

179 Navarrine (2013, p. 280) também atribui ao princípio *pacta sunt servanda* a posição hierárquica superior dos Tratados Internacionais, lecionando: "*Derivada de esta valoración jerárquica: La supremacía de los tratados tuvo el reconocimiento – antes de su constitucionalización – de la Corte Suprema de Justicia de La Nación y en las consecuencias que para el Estado derivan de la suscripción de los tratados por exigencia del principio pacta sunt servanda en los efectos de los Tratados definidos en la Convención de Viena*".

Com referência ao poder tributante, considerando o que foi exposto no Capítulo anterior, sobre o federalismo fiscal argentino, com o Pacto Federal para o emprego, a produção e o crescimento de 1993 que teve a adesão de quase todas as províncias, o Estado nacional argentino ganhou condições de negociar potestades próprias das províncias e municípios: "*La finalidad del Pacto federal, entre otras, es obtener de los gobiernos provinciales la derogación de aquellos impuestos que son distorsivos en las economías regionales, entre ellos, los impuestos a los ingresos brutos, a los sellos, a la transferencia de combustibles, gas, energía eléctrica y lograr en un período de tres años sustituir el impuesto a los ingresos brutos por un impuesto general al consumo, etc.*" (Colanino, 2003, p. 317)[180]

Ademais, o "*impuesto sobre los ingresos brutos*" e o "*impuesto a los sellos*" são considerados obstáculos à política integradora internacional argentina, tendo-se adotado inclusive a alíquota zero para ambos (quanto à incidência nas importações e exportações), conforme prelecionam Colanino, Aichino e Billardi [181]:

> Uno de los impuestos provinciales que en Argentina producen mayor distorsión a la libre circulación de mercancías y en definitiva obstruyen la política integradora es el impuesto a los sellos y el impuesto a los ingresos brutos. Para dar solución a esta situación, los gobiernos provinciales han establecido la denominada "alícuota base cero", que alcanza aquellas actividades que tiene incidencia en las importaciones o exportaciones de mercancías, fundamentalmente dentro del Mercosur. (COLANINO, 2003, p. 336).

Expus nos subitens anteriores a realidade jurídico-tributária vigente no Brasil e na Argentina, mormente os aspectos fundamentais dos seus sistemas tributários, bem como os aspectos mais importantes da imposição relativa a tributos internos incidentes nas operações de importação de bens e serviços. Apresentei também um panorama descritivo das

---

180 Reforçando este entendimento, Goñi (2013, p. 294) expõe: "En la dirección indicada, se consagran como atribuciones del nivel nacional en cabeza del Congreso (art.75); Legislar en materia aduanera, pudiendo establecer derechos de importación y exportación, los que serán – como los avalúos – uniformes en todo el país (inc. 1º); <u>Tributos "indirectos", como potestad concurrente entre la Nación y provincias (inc. 2º)</u> (grifamos).

181 COLANINO, AICHINO E BILLARDI. Antonio Zino, Juan O. Zanotti e Cristian J. *Curso De Derecho Tributario Internacional*, Tomo II. (Coordinado por Victor Uckmar). Bogotá: Editorial Temis S/A, 2003.

possibilidades jurídicas de normatização dos tributos nacionais, via tratados internacionais.

No contexto desta obra, foram fincadas as premissas e motivações para a implementação de uma harmonização tributária entre os dois países.

Agora, tratarei de instrumentalizar esta harmonização, sugerindo os seus fundamentos motivadores e os princípios sobre os quais esta harmonização seria construída.

Ademais, considerando o pensamento prevalente no tocante às possibilidades de normatização dos tributos internos por tratados internacionais, estarei sugerindo um modelo de norma bilateral (ainda que programática) aplicável a um setor produtivo (ao setor automobilístico, por sua expressividade no comércio bilateral) a qual, se adotada, servirá de modelo para aplicação a outros setores produtivos nas relações comerciais com terceiros países.

CONSTRUINDO OS PRINCIPAIS BASILARES PARA HARMONIZAÇÃO TRIBUTÁRIA

Como visto anteriormente, os sistemas tributários brasileiro e argentino não são simplórios. Para fins de se atingir o desiderato da harmonização tributária, especialmente no que se refere ao sistema brasileiro, faz-se necessária a implementação de uma reforma tributária profunda, com alterações inclusive no capítulo constitucional dedicado ao sistema tributário nacional[182].

Uma premissa essencial e indispensável seria a simplificação do sistema, podendo-se iniciar com a criação de um imposto sobre o valor agregado – IVA -, nos moldes daqueles já existentes na Argentina, em muitos outros países do continente americano e na União Europeia. Esta simplificação poderia ser atingida com uma melhor distribuição das competências. Interessante é a forma apresentada por Dornelles e Afonso[183], que sugerem concentrar as competências dos tributos que gravam a renda, os lucros, o comércio exterior e a folha salarial na União.

---

182 Encontra-se em curso no Congresso Nacional, um conjunto de propostas de Reforma Tributária (PECs n°s 45/2007, 91/2007, 106/2007, 129/2007, 165/2007, 166/2007, 167/2007, 219/2007, 225/2007, 226/2007, 227/2008, 230/2008, 233/2008 e 242/2008) relatadas conjuntamente pelo Deputado Sandro Mabel, sob o texto base da PEC 233/08. (BEVILACQUA, 2010, p. 349)

183 DORNELLES, AFONSO. Francisco, José Roberto. *Desenvolvimento exige um novo sistema tributário*. (Revista Brasileira de Comércio Exterior n° 102 – Jan.-Mar. 2010). Rio de Janeiro: FUNCEX, 2010.

As que incidem sobre o mercado doméstico de produtos e serviços nos Estados e as relativas à propriedade imobiliária nos municípios. Na proposta destes autores, criar-se-ia um IVA nacional, com legislação e regulamentação nacional. O tributo incorporaria o ICMS e qualquer outro tributo que incida sobre o faturamento e receita das empresas tais como o IPI, Confins, PIS, CIDE (incidente sobre combustíveis), FUST (contribuição destinada ao Fundo de Universalização dos Serviços de Telecomunicações) e FUNTEL (Contribuição ao Fundo para o Desenvolvimento Tecnológico das Telecomunicações). Eu acrescentaria nesse rol o ISS municipal.

O lançamento, a fiscalização e a cobrança judicial seriam de competência dos Estados. Sua cobrança seria feita integralmente no Estado de origem - neste aspecto, para evitar resistências iniciais dos Estados produtores, é importante que se faça sua modulação, com redução gradual da cobrança que atualmente é feita no Estado de origem -, sendo calculado por fora (não incidindo sobre ele próprio) e suas alíquotas fixadas em lei complementar. As alíquotas seriam fixadas por lei complementar, cabendo ao Senado Federal, por iniciativa do Presidente da República, aprovada em quorum qualificado, o enquadramento por alíquota das mercadorias e dos serviços.

O produto da arrecadação seria dividido entre a União e os Estados, sendo fixado pela Constituição a quota de cada ente (da União e dos Estados). A quota federal seria o percentual referente à participação da receita dos impostos e contribuições da União, incorporados ao IVA nacional, e a quota estadual corresponderá ao percentual da participação do ICMS na receita do IVA nacional. Os municípios continuarão recebendo os 25% da receita que cada Estado receber a título de IVA nacional, com os mesmos critérios de rateio hoje aplicados à quota do ICMS.[184] [185].

Ora, a adoção do IVA como principal tributo sobre o consumo num processo de harmonização fiscal já constava no Informe Neumark,

184 FILHO, CATÃO, Antonio Rodrigues da Silva e Marcos André Vinhas. Harmonização Tributária no Mercosul. São Paulo: Editora Aduaneiras, 2001,p. 59.

185 Dorneles e Afonso (2010) apresentam, a título de exemplo, uma simulação preliminar do ano de 2007, em que o IVA nacional deveria ter arrecadado cerca de R$ 350 bilhões (13,7% do PIB), dos quais, pelo princípio ora defendido, 54% seriam equivalentes à quota estadual, correspondente ao ICMS (R$ 187 bilhões); e 46%, à quota federal, decorrente da absorção de IPI (3 bilhões), Cofins (R$ 93 bilhões, excluídos os bancos), PIS (R$ 20 bilhões, excluídos os bancos e o Pasep), CIDE (R$ 8 bilhões, Salário-educação (R$7 bilhões) e outras contribuições (R$ 3 bilhões).

de 1963, e consubstanciou a 1ª Diretiva do governo europeu acerca do assunto. Para Sierra[186], seria necessário:

a) suprimir os impostos multifásicos em cascata de origem cumulativa; substituir os impostos monofásicos (como o ISS no Brasil), integrando-o ao IVA;
b) suprimir as fronteiras fiscais para o IVA.

Falta, no caso do Brasil, implementar os itens 'a' e 'b'. No caso do item 'b', a federalização do ICMS, com sua absorção pelo IVA nacional solucionaria a problemática das fronteiras fiscais no âmbito interno (nas operações entre Estados).

Uma das distorções do ICMS em relação ao IVA (com vantagem inegável para este) é percebida por Filho e Catão (já citados):

> No primeiro, o montante é cobrado sobre o valor acrescido e com base em uma única alíquota. Já em relação ao ICMS, face ao sistema de compensação de créditos e débitos, de alíquotas variáveis de acordo com cada uma das Unidades Federativas, e também da seletividade permitida em função da essencialidade de cada uma das mercadorias envolvidas na fabricação de uma nova, o montante final cobrado do consumidor será por vezes superior ao montante obtido com a tributação pelo IVA. (FILHO e CATÃO, 2001, p. 65).

Outra distorção que pode ser solucionada é a do ISS, com sua incorporação ao IVA federal. Há inconveniências na sua manutenção. Filho e Catão enumeram algumas destas dificuldades:

> O ISS é um imposto que possui uma enorme diversidade de alíquotas, estas vinculadas às diversas atividades existentes, e que se constituem como fato gerador deste. Estas alíquotas podem ainda variar de município para município, eis que é da competência de cada um deles a sua fixação.

---

186 SIERRA. Maria Teresa Matta. La Armonización Fiscal en la Comunidad Europea. Valladolid: Lex Nova, 1996, p. 48.

> (...) Como se pode observar, isto é mais um entrave para a harmonização tributária interna, face à independência dos municípios em fixar suas alíquotas próprias, ainda que respeitando, sempre, as alíquotas máximas fixadas em Lei Complementar. (FILHO e CATÃO, 2001, p. 67).

O IVA federalizado, incorporando em seu campo de incidência produtos e serviços, poderia finalmente conter um importante fator favorável à integração regional, na forma como expôs Altamirano[187], ao discorrer sobre o IVA argentino, enumerando dentre as suas características fundamentais:

> Favorece a la integración económica internacional: debido a que no produce efecto en cascada se puede determinar con grado de precisión la tributación interna y, en oportunidad de la exportación de los productos o servicios, el Estado está en condiciones de cuantificar el impuesto y devolverlo al responsable que no lo pudo trasladar al exterior. (ALTAMIRANO, 1998, p. 73).

Há uma interessante distorção da tributação brasileira relativamente ao ICMS. Celso Oliveira defende que o tratamento igualitário previsto no art. 7º do Tratado de Assunção (reforçado pelo art. 5º) com relação ao disposto no artigo 155, & 2º, incisos IV, V, I e VII da Constituição Federal, o qual não oferece qualquer tratamento preferencial do tributo para os produtos oriundos do exterior, mesmo os Estados-Partes.[188]

A necessidade de um tratamento preferencial não somente do ICMS, mas também dos demais tributos internos incidentes nas importações, encontra indicação necessária nas palavras do parágrafo único do artigo 4º da Constituição Federal Brasileira, que contém norma principiológica, relativamente à necessidade de integrar-se economicamente com países latino-americanos, e esta integração hoje tem sua expressão maior no processo inaugurado com o Tratado de Assunção[189].

---

187 ALTAMIRANO. Alejandro C. *Estrutura Básica del Impuesto al Valor Agregado (IVA) en la República Argentina*. (in Reforma Tributária & Mercosul) (Organizador: Ubaldo Cesar Balthazar). Belo Horizonte: Ed. Del Rey, 1998.

188 OLIVEIRA. Celso Maran de. MERCOSUL – Livre Circulação de Mercadorias. Medidas protecionistas a serem levantadas no Mercosul rumo ao mercado comum: processo comparativo com a União Européia. Curitiba: Juruá Editora, 2003, p. 250-252.

189 O artigo 4º e seu parágrafo único da Constituição Federal brasileira tem a seguinte reda-

Outra distorção do ICMS refere-se à chamada "guerra fiscal" André Elali[190] diz que ela "*não ocorre com a concessão de incentivos fiscais por si só. Ocorre, em verdade, quando se concedem benefícios em violação ao que determina a Constituição Federal, que prevê mecanismos de 'harmonização'*".

Já Menescal[191] define e resume bem esta questão da guerra fiscal: "*No modelo atual, o ICMS é partilhado entre origem e destino, ficando a maior parte com o Estado produtor, na maioria das situações, o que dá margem à guerra fiscal, ou seja, que os governos ofereçam às empresas incentivos fiscais, na forma de redução ou isenção do imposto, para que novos empreendimentos se instalem em seus territórios*".

Flávio Berti[192] complementa: "*O assunto é relevante, pois invariavelmente surgem propostas de reformas tributárias que prevêem a alteração de normas afetas justamente à competência para fins de ICMS e/ou regramentos pontuais em sua sistemática. Os questionamentos resultam da necessidade de preservar a autonomia dos Estados-membros, expressa também pela prerrogativa de legislar sobre o ICMS. A questão ganha contornos dramáticos à vista da facticidade observada no atual contexto em que há constante uso de instrumentos para radicalização da 'guerra fiscal' entre as unidades federadas, o que se torna amplamente questionável em face da dinâmica sócio-econômica. O impasse decorre também da necessidade de transformar o ICMS num imposto federal a fim de evitar tais conflitos e incoerências resultantes da tal 'guerra fiscal'.*"

Analisando sobre as formas através das quais os sistemas tributários são mais adequados à integração, Villela, Barrieux e Velayos, apontam, dentre as principais travas:

ção: "Art. 4º: A República Federativa do Brasil rege-se nas suas relações internacionais pelos seguintes princípios: Parágrafo único. A República Federativa do Brasil buscará a integração econômica, política, social e cultural dos povos da América Latina, visando à formação de uma comunidade latino-americana das nações.

190 ELALI. André. O Federalismo Fiscal Brasileiro e o Sistema Tributário Nacional. São Paulo: Ed. MP, 2005, p. 81.

191 MENESCAL. Leonardo Alcantarino. Guerra Fiscal, Desigualdades Regionais e Federalismo no Brasil. (in Federalismo Fiscal – Questões Contemporâneas -) (Organizadores: José Maurício Conti, Fernando Facury Scaff e Carlos Eduardo Faraco Braga). Florianópolis: Conceito Editorial, 2010.

192 BERTI. Flávio Azambuja. Federalismo Fiscal e Defesa dos Direitos do Contribuinte: Efetividade ou Retórica? Campinas: Ed. Bookseller, 2005.

> Por ejemplo, los problemas del ICMS (IVA estadual de Brasil) tanto en sus diferentes variantes de base como de incentivos a la inversión perjudican no sólo a los productores brasileños (por su efecto acumulación) sino que traban el comercio en el MERCOSUR y la posibilidad de conformar una unión aduanera perfecta. (VILELLA, 2007, p.175).

Discorrendo ainda sobre a harmonização do IVA na Comunidade Andina, pontuam mencionados autores a necessidade de um IVA definido a nível nacional: "*El diseño ha optado por la neutralidad y la simplicidad, la competencia por vía de tasas y la preferencia por impuesto definido exclusivamente a nivel nacional*".[193]

Em sentido análogo, Amaral[194] entende que o IVA é considerado o melhor tributo para fins de coordenação tributária relativa a países integrantes de agrupamentos econômicos. Torres[195] menciona a situação da Alemanha, que chegou a um equilíbrio federativo. Ele pontua que "*A Constituição de Bonn possui diversas normas sobre o imposto de venda: pertence à competência comum do Bund e dos Länder; incumbe ao Bund a legislação e aos Länder a arrecadação; o produto da arrecadação é repartido entre eles por lei federal, que deverá levar em conta as necessidades de seus gastos segundo um planejamento financeiro plurianual, sendo que o critério da partilha deve ser modificado sempre que se alterar a proporção entre as receitas e as despesas (art. 106, & 3º e & 4º)*".

Segundo Guimarães[196], atualmente, 132 dos 187 países do mundo têm o IVA em seus sistemas. Analisando-se a situação européia, os fundamentos causais dessa realidade são "*Porque é neutral, porque é não discriminatório, porque facilita a concorrência e porque é eficaz na*

---

193 VILLELA, BARRIEUX, VELAYOS. Luis, Alberto, Fernando. *Integración Regional y Armonización Tributaria: Desafios y Experiencias en América Latina.* (in Revista de Direito Tributário Internacional n° 7) (Coordenadores: Clóvis Panzarini Filho, Fernando Tonanni, Marco Antônio Behrndt, Ricardo Pereira Ribeiro, Roberto França Vasconcelos). São Paulo: Ed. Quartier Latin, 2007

194 AMARAL. Antonio Carlos Rodrigues do. *Imposto sobre o Valor Agregado – IVA – Brasil – Mercosul – União Européia*. São Paulo: Rumo/Academia Brasileira de Direito Tributário, 1995, p. 38.

195 TORRES. Ricardo Lobo. É possível a criação do IVA no Brasil? (in IVA para o Brasil. Contributos para a Reforma da Tributação do Consumo) (Organizadores: Oswaldo Othon de Pontes Saraiva Filho, Sérgio Vasques e Vasco Branco Guimarães). Belo Horizonte: Editora Forum, 2007

196 GUIMARÃES. Vasco Branco. *A Tributação do Consumo no Brasil: uma visão européia*. (in IVA para o Brasil. Contributos para a Reforma da Tributação do Consumo) (Organizadores: Oswaldo Othon de Pontes Saraiva Filho, Sérgio Vasques e Vasco Branco Guimarães). Belo Horizonte: Editora Forum, 2007.

arrecadação, e, obviamente, este último fator é extraordinariamentre importante. Neste sentido, o IVA propicia liberdade de circulação, liberdade de concorrência, liberdade e mobilidade do trabalho e dos capitais; enfim, os pressupostos constitutivos da ideia de unidade europeia".

Ainda segundo Vasco Guimarães, a experiência europeia mostra que a tributação sobre o consumo passa pele detecção sobre como foram equacionadas três questões essenciais:

i) a base tributável;

ii) as taxas (alíquotas);

iii) as relações entre Estados.

Dirige ainda sua crítica à base de consumo partilhada entre Estados e Municípios, sem razão aparente de ordem econômica ou de técnica tributária. No tocante às alíquotas, elas apresentam alto grau de desarmonia, havendo mais de quarenta nominais e um número indefinido de reduções de base e isenções concedidas. Com referência às relações entre os Estados, a realidade mostra que existem decisões unilaterais sobre tributação, sem a aprovação do CONFAZ, tornando-as ilegais.

Discorrendo sobre a harmonização comunitária do IVA na União Europeia, Clotilde Celorico Palma[197] assegura que o IVA é o expoente máximo da harmonização fiscal comunitária, fazendo parte do *acquis communautaire*. Nestes termos, os pilares do moderno sistema comum são:

i) a definição de um lugar único para a tributação de todas as operações praticadas pelos sujeitos passivos no interior da Comunidade, a saber, onde o sujeito passivo se encontre registrado para efeitos de IVA, independentemente do local da prática das transações, com exercício do direito à dedução naquele EM (Estado Membro);

ii) a repartição das receitas pelos Estados-membros com base em estatísticas macroeconômicas do consumo (dados globais do consumo de cada EM);

197 PALMA. Clotilde Celorico .*A Harmonização comunitária do Imposto sobre o Valor Acrescentado: quo vadis?* (in IVA para o Brasil. Contributos para a Reforma da Tributação do Consumo) (Organizadores: Oswaldo Othon de Pontes Saraiva Filho, Sérgio Vasques e Vasco Branco Guimarães). Belo Horizonte: Editora Forum, 2007.

iii) uma maior aproximação das taxas do IVA.

Pelo exposto, insta que deduzamos a necessidade da instituição de um IVA no Brasil, nos moldes institucionalizados pela União Europeia, seguindo os princípios delineados neste tópico. No subitem seguinte, analisaremos a questão da não discriminação tributária no Mercosul e o seu desalinhamento ou não aplicabilidade quando da imposição dos chamados Ajustes Fiscais de Fronteira.

CAPÍTULO 14

A NÃO DISCRIMINAÇÃO TRIBUTÁRIA NO MERCOSUL E OS AJUSTES FISCAIS DE FRONTEIRA

> *Com o princípio do destino, pelo contrário, há que manter 'fronteiras fiscais', isto é, há que proceder a 'ajustamentos fiscais de fronteira' (border tax adjustments), tanto por parte do país exportador, como do país importador(...)"*
>
> — Xavier Basto

A tributação nas transações entre as nações mercosulinas dá-se no país de destino (Decisão CMC nº 10/94, art. 6º). Sabemos que os blocos de integração regional devem optar pelo sistema que lhes convier (origem ou destino), no tocante ao tratamento dos tributos incidentes sobre o consumo. O regime optado pelo Mercosul, merece a seguinte lição de Xavier Basto[198]:

> Com o princípio do destino, pelo contrário, há que manter 'fronteiras fiscais', isto é, há que proceder a 'ajustamentos fiscais de fronteira' (border tax adjustments), tanto por parte do país exportador, como do país importador. O primeiro deverá garantir a não tributação das exportações, ou seja, que os bens exportados saem do país sem qualquer conteúdo fiscal, o que, como já dissemos, implica não só que a transação de exportação não seja atribuída, como que sejam restituídos impostos por ventura incorporados na mercadoria em fases anteriores do processo produtivo. O país importador, por seu turno, deverá tributar a mercadoria importada. (BASTO, 1991, PP. 75-76).

CONTROLE FISCAL DE FRONTEIRA E ECONOMIA REGIONAL

Os chamados 'controles fiscais de fronteira' são temas recorrentes quando se estuda os problemas afetos aos processos de aproximação tributária nos acordos de integração regional. Amaral[199] defende que, no desenvolvimento dos blocos econômicos, um dos objetivos a ser atingido é justamente a eliminação dos controles fiscais de fronteira, a fim de ser constituída uma economia regional verdadeiramente integra-

198 BASTO. José Guilherme Xavier. *A Tributação do Consumo e sua Coordenação Internacional*. Lisboa: Centro de Estudos Fiscais, 1991, p. 75-76.

199 AMARAL. Antonio Carlos Rodrigues do. *Tributação no Mercosul* (in Tributação no Mercosul – Pesquisas Tributárias – Nova Série – 3, I.G.S. Martins (Coord.). São Paulo: CEU/RT, 2002, p. 489-490.

da. Brito Filho[200] afirma que, no Brasil, o Sistema Tributário Nacional é prenhe de incidências que se caracterizam dentro da definição de ajuste fiscal de fronteira, embora não seja termo empregado no nosso direito interno e a doutrina relute em vislumbrar a sua presença nas incidências vinculadas à importação, do IPI e do ICMS, ou mesmo da Contribuição para o PIS/Cofins incidente sobre a importação.

Para Henriques[201], entretanto, a adoção de um único regime de tributação, é proibir que os tributos sobre o consumo onerem de modo mais gravoso a importação de produtos originários de um Estado-membro em relação ao produto nacional, e o instrumento jurídico utilizado para a vedação deste tratamento discriminatório é a norma de não discriminação tributária, que no Tratado de Assunção está contida em duas cláusulas : o artigo 8º "d" (cláusula da nação mais favorecida - NMF) e o artigo 7º (cláusula de tratamento nacional - TN). Não existem normas internas (pelo menos nos casos do Brasil e da Argentina) nem bilaterais concedendo benefícios a terceiros países no tocante aos tributos internos incidentes sobre o consumo. Portanto, não há que se falar em cláusula NMF a repercutir nestes tipos de tributos. O mesmo não se pode falar da cláusula do TN, a qual determina que o produto importado tenha tratamento não diferente dos produtos domésticos. Como muito bem definiu Elcio Henriques, já citado, arrimando-se na redação do artigo 7º do Tratado de Assunção, e, em caráter suplementar no artigo 2º do seu Anexo I, a cláusula do TN aplica-se mesmo antes da internalização do produto, implicando o afastamento de encargos aduaneiros discriminatórios, determinando-se, relativamente aos tributos internos sobre o consumo a aplicação da regra do artigo 7º do Tratado de Assunção, a qual atribui ao produto importado a mesma carga tributária do produto nacional[202]. Nesta linha de raciocínio, conclui o autor, "*um tributo sobre*

---

200 FILHO. Washington Juarez de Brito. *O Princípio de Não Discriminação Tributária no Comércio Internacional de Bens*. São Paulo: W. J. de Brito Filho, 2011. Tese (Doutorado) – Faculdade de Direito da USP, 2011.

201 HENRIQUES. Elcio Fiori. *A Não Discriminação Tributária no Mercosul e o PIS-Importação e a Cofins-Importação*. (in Revista de Direito Tributário Internacional nº 5) (Coordenadores: Clóvis Panzarini Filho, Fernando Tonanni, Marco Antônio Behrndt, Ricardo Pereira Ribeiro, Rodrigo Santos Masset Lacombe). São Paulo: Ed. Quartier Latin, 2007.

202"Art. 7º do Tratado de Assunção: "Em matéria de impostos, taxas e outros gravames internos, os produtos originários do território de um Estado Parte gozarão, nos outros Estados Partes, do mesmo tratamento que se aplique ao produto nacional." Art. 2º do Anexo I do Tratado de Assunção: "Para efeito do disposto no artigo anterior, entender-se-á: (a) por "gravames", os direitos aduaneiros e quaisquer outras medidas de efeito equivalente, sejam de caráter fiscal, monetário, cambial, ou de qualquer natureza, que incidam sobre o comércio exterior. Não

consumo que tenha efeito sobre o comércio exterior, embora não seja um direito aduaneiro, estaria dentro do conceito amplo de "gravame" adotado pelo Tratado de Assunção".

Outro aspecto levantado pelo estudo (embora a análise refira-se especificamente às contribuições PIS-Importação e Cofins-Importação, pode ser estendida aos demais tributos internos exigíveis na importação) constata que outros tratados (GATT, União Européia e convenção-modelo da OCDE de acordos para evitar a bitributação) adotam a expressão "não menos favorável", tornando possível um tratamento mais favorecido para os importados (discriminação inversa), situação esta vedada pela cláusula do TN do Mercosul. Esta, por sua vez, veda duas situações: que o produto importado seja mais onerado que o nacional e que o nacional seja mais onerado que o importado (discriminação inversa) [203].

Pertinente a esta matéria, urge mencionar a Decisão do Tribunal Arbitral do Mercosul (8º Laudo Arbitral do Mercosul, de 21/05/2002) que discutiu a aplicação de normas uruguaias, as quais fixavam uma base de cálculo maior para a incidência do Imposto Específico Interno (IMESI) sobre cigarros oriundos de outros países, inclusive do Mercosul. O Tribunal decidiu que os Estados-Membros, ao ratificarem o Tratado de Assunção, comprometeram-se com uma norma auto-executável e de aplicação imediata (no caso, o artigo 7º do Tratado de Assunção), a qual não está sujeita aos princípios de gradualidade, flexibilidade e equilíbrio.

Ao discorrer sobre esta decisão, Washington Juarez de Brito Filho, já citado, observa que, "*Embora a alíquota do IMESI, tanto para os produtos nacionais como para os oriundos de países fronteiriços, seja a mesma, a base de cálculo era obtida de forma que seria discriminatória, já que era determinada, para o produto importado, a partir de um preço ficto, correspondente ao preço aplicado ao cigarro nacional de maior categoria.*" No caso, a base de cálculo do produto importado de país limítrofe era multiplicado pelo coeficiente 1,3 e na hipótese de importação originária de país não limítrofe o coeficiente seria 2[204].

---

estão compreendidas neste conceito taxas e medidas análogas quando apontam ao custo aproximado dos serviços prestados.".

203 O Termo "discriminação inversa" foi cunhado por A. Laureano em sua dissertação na Universidade de Coimbra. Cf. A. Laureano, Discriminação inversa na Comunidade Européia. Lisboa: Quid Juris, 1997 (HENRIQUES, 2007, p. 37)

204 "Para o Tribunal, a livre circulação deve ocorrer tanto no campo da imposição tarifária quanto no campo das práticas administrativas. Dessa forma, os Estados membros não podem criar obstáculos de qualquer natureza que impeçam a livre circulação dos produtos. As exceções, embora

No que tange à jurisprudência brasileira sobre a aplicabilidade do art. 7º do Tratado de Assunção, temos o caso julgado pelo Superior Tribunal de Justiça – STJ – no Recurso Especial 480.564-RS. Trata da aplicação de uma isenção do ICMS sobre a circulação interna de leite no Estado do Rio Grande do Sul e o tribunal entendeu pela sua extensão à importação de produtos similares originários de Estado-membro do Mercosul. Na situação em apreço, o país mercosulino era o Uruguai[205].

Em adição, cito novamente Elcio Henriques que nos brinda com essa leitura contendo algumas conclusões que considero irrefutáveis, dentre as quais destaco:

"O artigo 7º do Tratado de Assunção tem como efeito dar o mesmo tratamento tributário de circulação interna quanto a tributos sobre o consumo para a importação de produtos originários de Estados-membros do Mercosul;"

"O critério de comparação pode ser um tratamento estadual, não sendo necessário um tratamento igual em nível nacional para ser estendido o benefício aos produtos importados.".

Outro aspecto fundamental da questão por ele levantada, refere-se às definições das bases de cálculo dos tributos internos, relativamente às suas incidências no mercado interno e nas importações. O fato é que, no que se refere a PIS-Importação e Cofins- Importação, comparativamente a PIS e Cofins nas operações nacionais, efetivamente não haveria uma discriminação (apesar de, no primeiro caso, haver um alargamento do conceito constitucional de valor aduaneiro)[206].

---

não previstas diretamente pelos tratados do MERCOSUL, serão apenas aquelas do art. 50 do Tratado de Montevidéu de 1980 e dos arts. XX e XXI do GATT 1994." (FILHO,2011, p. 504).

205 Esta decisão contém a seguinte Ementa (reproduzida de Henriques, 2007, p. 44): "TRIBUTÁRIO. ICMS. ISENÇÃO. IMPORTAÇÃO DE LEITE DE PAÍS MEMBRO DE TRATADO FIRMADO COM O MERCOSUL. POSSIBLIDADE. LEI ESTADUAL ISENCIONAL. (1) Pacto de tratamento paritário de produto oriundo do país alienígena em confronto com o produto nacional, com "isenção" de impostos, taxas e outros gravames internos (art. 7º , do Decreto nº 350/91, que deu validade ao Tratado do Mercosul). (.....) (4) O tratado do Mercosul, consoante o disposto no art. 7º , do Decreto nº 350/91, estabelece o mesmo tratamento tributário quanto aos produtos oriundos dos Estados-membros em matéria tributária e não limita que referido tratamento igualitário ocorra somente quanto aos impostos federais, de competência da União. (....) (6) A Lei nº 8.820/89 do Estado do Rio Grande do Sul, com a redação conferida pela Lei nº 10.908/96, , isenta do ICMS o leite fluido, pasteurizado ou não, esterilizado ou reidratado, por isso que se estende o mesmo benefício ao leite importado do Uruguai e comercializado nesta unidade da federação.(....)

206 A base de cálculo das contribuições nas importações, nos termos do artigo 149, III, 'a', da Constituição Federal é o valor aduaneiro. O Supremo Tribunal Federal, em decisão recente

Em suas palavras, "*Isto ocorre porque o PIS e a Cofins nas operações internas são devidos pelo vendedor de bens, sem serem cobrados de modo destacado do preço. Isso faz com que o valor destes tributos integre a receita de vendas, constituindo parte do preço dos produtos vendidos. Assim, a receita bruta de uma operação interna de venda de produtos é composta (i) do valor das contribuições PIS e COFINS; e (ii) do valor da receita líquida a remunerar o vendedor.*". Entretanto, há discriminação (que contraria o artigo 7º do Tratado de Assunção) quando ocorre importação realizada por contribuinte sujeito à sistemática cumulativa do PIS e da Cofins. Neste caso, o importador sofre tributação mais onerosa e isto se deve ao fato de haver uma alíquota única, igual àquela aplicada à sistemática não cumulativa (que é superior), porém sem a possibilidade de aproveitamento de créditos.

Voltando nossa análise para outros tributos incidentes na importação como o IPI e o ICMS, em comparação com suas respectivas imposições nas operações nacionais, a discriminação e afronta ao artigo 7º do Tratado de Assunção é evidente.

No primeiro caso (do IPI), a base de cálculo do imposto, nas operações nacionais é "*o valor que servir ou que serviria de base para cálculo do imposto de importação, por ocasião do despacho aduaneiro, acrescido do montante desse imposto, e dos encargos cambiais efetivamente pagos pelo importador ou dele exigíveis*" [207]

No caso do ICMS, a base de cálculo do imposto relativamente às importações é definida no artigo 13, V da Lei Complementar nº 87/96, da seguinte forma:

"Art. 13.A base de cálculo do imposto é:

V – na hipótese do inciso IX do art. 12, a soma das seguintes parcelas:

a) O valor da mercadoria ou bem constante dos documentos de importação, observado o disposto no art. 14;

b) Imposto de importação;

c) Imposto sobre produtos industrializados;

d) Imposto sobre operações de câmbio;

---

sacramentou o fim da inclusão de outros tributos na base de cálculo das contribuições, quando devidas nas importações, no Recurso Extraordinário nº 559937, motivando então a edição da Lei nº 12.865/2010 (conversão da Medida Provisória nº 615/3013), a qual definiu a base de cálculo das contribuições nas importações como apenas "o valor aduaneiro". (Henriques, 2007, p. 54)

207 Redação do art. 14, inciso I, alínea 'b' da Lei nº 4.502, de 1964)

e) Quaisquer outros impostos, taxas, contribuições e despesas aduaneiras"

Ora, nas operações nacionais, a base de cálculo do imposto é o valor da operação (art. 13, I) ou o valor da operação, compreendendo mercadoria mais serviço (art. 13, II), ou nas prestações de serviço de transporte interestadual, intermunicipal e de comunicação, o preço do serviço, (art. 13, III) ou no fornecimento de mercadoria com prestação de serviço, o valor da operação ou o preço corrente da mercadoria fornecida ou empregada (art. 13, IV), ou no recebimento pelo destinatário de serviço prestado no exterior, o valor da prestação do serviço, acrescido, se for o caso, de todos os encargos relacionados com a sua utilização (art. 13, VI), ou, nas entradas interestaduais de lubrificantes e combustíveis líquidos ou gasosos, derivados de petróleo e energia elétrica, quando não destinados a comercialização ou à industrialização (art. 13, VIII) ou, na utilização, por contribuinte, de serviço iniciado em outra unidade federada e que não esteja vinculada a operação ou prestação subsequente (art. 13, IX).

Constata-se portanto que, em nenhum dos demais incisos deste artigo, (exceto o V, que define a base de cálculo nas importações de mercadorias ou bens, e o VII, que trata da base de cálculo do imposto na aquisição em licitação pública de mercadorias ou bens importados do exterior e apreendidos ou abandonados) existe previsão de inclusão de outros tributos na base de cálculo do ICMS, exceto o IPI, nas operações a que se refere o § 2º do artigo 13[208] [209].

A alínea 'a' do inciso V do artigo 13 estabelece a base de cálculo inicial como aquela correspondente ao valor da mercadoria ou bem constante dos documentos de importação, e este montante deve corresponder ao preço efetivamente pago ou a pagar pelas mercadorias, acrescido de outras despesas, conforme enumeradas no Acordo para Implementação do Artigo VII do GATT/94 (Acordo sobre Valoração Aduaneira, em seu artigo 8º).

---

208 Este dispositivo possui a seguinte redação: "Art. 13. A base de cálculo do imposto é: (...) &2º Não integra a base de cálculo do imposto o montante do Imposto sobre Produtos Industrializados, quando a operação, realizada entre contribuintes e relativa a produto destinado à industrialização ou à comercialização, configurar fato gerador de ambos os impostos.

209 Da redação disposta na Nota de Rodapé anterior, constata-se que o IPI somente deve ser incluído na base de cálculo do ICMS nas operações que constituam fatos geradores de ambos os impostos e quando destinadas a outra finalidade que não a comercialização ou industrialização. (por exemplo, nas operações destinadas a consumo ou ativo imobilizado do destinatário).

O artigo 8º do AVA possui a seguinte redação:

1. Na determinação do valor aduaneiro, segundo as disposições do Artigo 1, deverão ser acrescentados ao preço efetivamente pago ou a pagar pelas mercadorias importadas:

   a. - os seguintes elementos, na medida em que sejam suportados pelo comprador mas não estejam incluídos no preço efetivamente pago ou a pagar pelas mercadorias;

      i. comissões e corretagens, excetuadas as comissões de compra;

      ii. o custo de embalagens e recipientes considerados, para fins aduaneiros, como formando um todo com as mercadorias em questão;

      iii. o custo de embalar, compreendendo os gastos com mão-de-obra e com materiais;

   b. – o valor, devidamente atribuído, dos seguintes bens e serviços, desde que fornecidos direta ou indiretamente pelo comprador, gratuitamente ou a preços reduzidos, para serem utilizados na produção e na venda para exportação das mercadorias importadas, e na medida em que tal valor não tiver sido incluído no preço efetivamente pago ou a pagar:

      i. Materiais, componentes, partes e elementos semelhantes, incorporados às mercadorias importadas;

      ii. ferramentas, matrizes, moldes e elementos semelhantes, empregados na produção das mercadorias importadas;

      iii. materiais consumidos na produção das mercadorias importadas;

      iv. projetos de engenharia, pesquisa e desenvolvimento, trabalhos de arte e de "design", e planos e esboços, necessários à produção das mercadorias importadas e realizados fora do país de importação;

   c. – royalties e direitos de licença relacionados com as mercadorias objeto de valoração, que o comprador deva pagar, direta ou indiretamente, como condição de venda dessas mercadorias, na medida em que tais royalties e direitos de licença não estejam incluídos no preço efetivamente pago ou a pagar;

d. – o valor de qualquer parcela do resultado de qualquer revenda, cessão ou utilização subsequente das mercadorias importadas, que reverta direta ou indiretamente ao vendedor.

2. Ao elaborar sua legislação, cada Membro deverá prever a inclusão ou exclusão, no valor aduaneiro, o todo ou em parte, dos seguintes elementos:

a. – o custo de transporte das mercadorias importadas até o porto ou local de importação;

b. - os gastos relativos ao carregamento, descarregamento e manuseio, associados ao transporte das mercadorias importadas até o porto ou local de importação; e

c. - o custo do seguro.

3. Os acréscimos ao preço efetivamente pago ou a pagar, previstos neste Artigo, serão baseados exclusivamente em dados objetivos e quantificáveis.

4. Na determinação do valor aduaneiro, nenhum acréscimo será feito ao preço efetivamente pago ou a pagar, se não estiver previsto neste Artigo.

Para efeitos de determinação da base de cálculo do ICMS na importação, a agregação a este valor (valor este que deve ser fixado conforme determinado pela norma internacional e a Lei Complementar 87/96) dos montantes referentes aos tributos federais, conforme previsão do inciso 'V' do artigo 13 acima reproduzido, contraria claramente o tratamento igualitário estatuído no artigo 7º do Tratado de Assunção. Dentre os valores dos tributos federais enumerados neste dispositivo, o valor do Imposto de Importação não é incluído na base de cálculo de nenhum outro tributo exigível nas operações nacionais, assim como o IPI é incluído apenas eventualmente (nas situações já expostas), nem mesmo o Imposto sobre Operações de Câmbio, nem as taxas (v.g. a taxa de Utilização do Sistema Integrado de Comércio Exterior Brasileiro – Siscomex, a taxa do Sistema Mercante).

As chamadas "Despesas Aduaneiras", que compreendem valores pagos ao Fisco Federal, tais como diferenças de valores dos tributos federais não exigidos por ocasião dos respectivos fatos geradores ou multas por infrações à legislação federal, também são consideradas na determinação da base de cálculo do ICMS (art. 13, V, 'e').

A inclusão de multas tributárias referentes a determinados tributos na base de cálculo de outros tributos constitui situação inédita na formação da base impositiva não somente do ICMS (relativamente a outras operações que não as importações), mas também de quaisquer outros tributos do sistema tributário brasileiro. Portanto, irresistível a conclusão de que estes valores inflam a base de cálculo do tributo na importação, de forma a ignorar explicitamente o chamado "mesmo tratamento" previsto no Tratado de Assunção, em seu artigo 7º.

No que diz respeito ao sistema tributário argentino, a análise acima exposta também se aplica, considerando que as bases de cálculo dos tributos incidentes nas importações incluem outros tributos nesta ocasião cobrados, conforme visto anteriormente.

Recordando e exemplificando o que foi explanado no item acima referido, constata-se a discriminação, no caso dos impostos internos, em operações nacionais, em que a base de cálculo corresponde ao preço líquido de venda gravado na fatura ou documento equivalente, nos termos do artigo 4º da Lei 24.674, exceto cigarros, cuja base de cálculo é o preço final ao consumidor, incluindo impostos, exceto o IVA. A discriminação evidente verifica-se quando da cobrança desses tributos nas importações, em que se deve aplicar o percentual de 130% sobre o preço definido como base de cálculo dos Direitos de Importação, incluindo ainda todos os tributos devidos na importação, inclusive o próprio imposto interno (artigo 7º da Lei 24.674)[210].

Com relação ao IVA, nas operações nacionais este não integra o preço líquido de venda (base de cálculo do tributo), locações ou prestações de serviços gravadas pelo imposto. Na lúcida lição de Villegas[211]:

---

210 Numericamente, podemos tomar o seguinte exemplo, em que um produto importado por $200.000, suportando os tributos na importação que totalizam $20.000 e uma alíquota de Imposto Interno de 5%, temos: 1)Preço Normal: $ 200.000; 2)Tributos da Importação: $ 20.000,00; 3)Imposto Interno: 200.000+20.000/0,96 (cálculo do imposto com a sua inclusão em sua própria base de cálculo)=$229.166,66x0,05=$11.458,33; 4)Subtotal= 1+2+3= $231.458,33; 5) Base de cálculo com agregação de 130%= $231.458,33 x 1,3= $300.895,82; 6) Imposto Interno: $300.895,82 x 0,05=$15.044,79; No caso, a alíquota efetiva, sem a agregação dos 130%, seria de 5,2% ($11.458,33/$220.000). Considerando a base de cálculo inflada (+130%) a alíquota efetiva seria de 6,38% ($15.044,79/$220.000).

211 VILLEGAS. Héctor B. *Curso de finanzas, derecho financiero y tributario*. Buenos Aires: Ed.

> Dado que, en la mecánica de la ley, a veces el IVA figura en las facturas en forma separada del precio, y otras veces no se discrimina, sumándose a él, puede crearse cierta confusión respecto del verdadero precio gravable. Según el último párrafo del art. 10, el precio de las ventas, locaciones o prestaciones de servicio no está integrado por el IVA. Esto significa que el gravamen no es parte del precio, esté o no discriminado en la factura. (VILLEGAS, 2009, p. 804).

De forma diferenciada, nas importações definitivas, a base de cálculo da IVA é o preço normal utilizado para a exigência dos Direitos de Importação, agregando-se a este preço todos os tributos dela decorrentes (art. 25 da Lei 24.674), ficando assim claramente constatada a afronta ao tratamento igualitário previsto no artigo 7º do Tratado de Assunção.

HARMONIZAÇÃO TRIBUTÁRIA BILATERAL COM ACORDO AUTOMOTIVO: COMEÇO

A competência para promover a harmonização legislativa reside em todos os órgãos do bloco, ensina-nos Lupi[212], referindo-se ao Mercosul. Para ele, "*tanto o CMC, manifestando-se através de decisões, como o GMC, por meio das suas resoluções, como a CCM, através de suas diretivas, podem promovê-la, dentro de seus âmbitos de competência material. Outro papel importante, acrescenta ele, "é exercido pelos Subgrupos de Trabalho, que lidam com os temas específicos, sugerindo passos para a harmonização.*[213]

Como já exposto em todo o texto anterior, Brasil e Argentina são membros do Mercosul e também da ALADI. Aliás, o artigo 7º deste último Tratado é um dos dispositivos que fundamentam a existência do Mercosul, permitindo a formação de acordos de alcance parcial. Nos termos deste dispositivo, acordos de alcance parcial são "*aqueles de cuja celebração não participa a totalidade dos países-membros e propenderão a criar as condições necessárias para aprofundar o processo de integração*

Depalma, 1992. Pgs. 195-197

212 LUPI, André Lipp Pinto Basto. *Soberania, OMC e Mercosul*. São Paulo: Ed. Aduaneiras, 2001, p. 228-230.

213 "A harmonização pode ser realizada por acordos internacionais entre os Estados-partes ou por decisões do Conselho, tomadas por consenso e com a presença de todos os seus membros. Nos termos do art. 42 do Protocolo de Ouro Preto, essas decisões vinculam os Estados-partes a incorporá-las nos seus ordenamentos jurídicos, segundo os procedimentos prescritos para imprimir-lhes força obrigatória." (FARIA, 1995, pp. 82-83, apud FERNANDES 2001, p. 208).

regional, através de sua progressiva multilateralização. Os direitos e obrigações que forem estabelecidos nos acordos de alcance parcial regerão exclusivamente para os países membros que os subscrevam ou que a eles adiram". Clementino[214] nos alerta no sentido de que "*A ALADI caracterizou-se pelo fato de admitir a outorga de preferências tarifárias entre dois ou mais Estados Partes, sem extensão automática aos demais, de cuja faculdade beneficiaram-se Brasil e Argentina ao iniciarem, na década de 80, um processo de integração bilateral, influenciados pela superação de divergências políticas, pelo retorno dos regimes democráticos e pela crise do sistema econômico internacional*". Pare ele, o Tratado de Assunção é um acordo de complementação econômica firmado no âmbito da ALADI e fundamentado nos comandos normativos dos artigos 7º e 8º do Tratado de Montevidéu de 1980, dando ensejo, a partir de então, à formação de blocos subregionais de integração entre os Estados Partes. Sobre este aspecto, Brito Filho[215] adverte: "*não se pode esquecer que o (segundo) Tratado de Montevidéu, de 18 de março de 1980, que constituiu a Associação Latino-Americana de Integração (ALADI), firmado pelo Brasil em 12 de agosto de 1980 e aprovado pelo Congresso Nacional, por meio do Decreto Legislativo nº 66, de 16 de novembro de 1981, havia autorizado a possibilidade da lavratura de acordos sub-regionais, dentro do território latino-americano, por meio da modalidade de Acordo de Complementação Econômica, com o fim de facilitar o cumprimento dos seus objetivos*". "*O Tratado de Assunção foi internalizado, no âmbito da ALADI, por meio do Acordo de Complementação Econômica nº 18, assinado em 29 de novembro de 1991*".

Em artigo publicado sobre abertura da economia e acordos comerciais, Edmar Bacha[216] sugere três elementos necessários à implementação de um programa de integração: reforma fiscal, substituição de tarifas por câmbio e acordos comerciais. No primeiro aspecto, **simplificação e redução da carga tributária para as empresas** (é para isso que se propõe o presente estudo, especificamente no comércio bilateral Brasil-Argentina). O segundo aspecto (**substituindo-se a proteção tarifária**

---

214 CLEMENTINO. Marco Bruno Miranda. *Harmonização Tributária, Integração Regional e Constituição*.Porto Alegre: Sergio Antonio Fabris Editora, 2009.

215 FILHO. Washington Juarez de Brito. *O Princípio de Não Discriminação Tributária no Comércio Internacional de Bens*. São Paulo: W. J. de Brito Filho, 2011. Tese (Doutorado) – Faculdade de Direito da USP, 2011.

216 BACHA. Edmar. *Integrar para Crescer: O Brasil na Economia Mundial* (in Revista Brasileira de Comércio Exterior nº 118 – janeiro-março de 2014) Rio de Janeiro: FUNCEX, 2014.

contra as importações por uma "proteção cambial"), também é proposta deste estudo, na medida em que se sugere a desgravação do comércio bilateral, com possibilidades de que ocorra também no comércio regional. Por último, no terceiro aspecto, sugere que **o Brasil poderá realizar negociações vantajosas para a abertura compensatória dos mercados de seus parceiros comerciais**. Neste sentido, grande seria o leque de opções, envolvendo acordos multilaterais, regionais e bilaterais. Ricardo Markwaldm[217], tratando do mesmo assunto e na mesma linha de entendimento, afirma que o Brasil tem reduzido market-share em muitos países da ALADI, estando o potencial de esgotamento desses mercados ainda longe de ser atingido. Com base em modelo CGE do BID (2011) e Ribeiro[218], focalizando o comércio Brasil-Colômbia e Brasil-Peru, aponta ganhos bilaterais expressivos, caso adotadas as seguintes medidas: (a) eliminação de tarifas; (b) redução das barreiras não tarifárias à metade; (c) redução de custos aduaneiros de 3%; e (d) redução em 30% dos custos de transporte, tudo no prazo de cinco anos.". Conclui afirmando que, em ambos os exercícios, o comércio bilateral mais que duplica e os ganhos se distribuem de forma bastante equitativa entre o Brasil e os parceiros.

Meu estudo acopla-se e reforça a necessidade de efetivação das medidas (a) e (c), e objetiva reforçar a parceria comercial entre Brasil e Argentina, aperfeiçoando um setor de comércio que tornou-se fundamentalmente importante nas relações entre os dois países, nos últimos anos, conforme já demonstrado.

Segundo Leo (2012), ademais, em termos de representatividade econômica, os dados (de 2012) mostram que os veículos, partes e peças somavam quase 45% do que a Argentina exportava para o Brasil, e cerca de 40% do que o Brasil exportava para a Argentina[219].

Desde o início dos anos 90, com a edição do Acordo de Complementação Econômica nº 14 (ACE 14, de 20/12/1990), em seu anexo VIII, firmado com base no Tratado de Montevidéu (ALADI), Brasil e Argentina vêm promovendo desgravação no seu comércio automotivo

217 MARKWALD. Ricardo. *Inserção do País na economia mundial: qual a singularidade do Brasil?* (Revista Brasileira de Comércio Exterior n° 118 – jan.-mar. 2014). Rio de Janeiro: Funcex, 2014

218 RIBEIRO, Fernando. *Revista Brasileira de Comércio Exterior n° 107*. Rio de Janeiro: Fundação Centro de Estudos do Comércio Exterior, 2011, p. 2-3

219 Em 2013, as exportações de veículos e peças do Brasil para a Argentina totalizaram U$$ 11,2 bilhões e as importações do país vizinho U$$ 8,8 bilhões . Para a Argentina seguem 85% das exportações brasileiras da indústria automobilística (OLMOS, 2012, p. 3).

bilateral. Efetivamente, o ACE 14 é um Acordo de Alcance Parcial, espécie definida nos termos dos seus artigos 7º, 8º e 11.

Mas, somente após a edição do Trigésimo Oitavo Protocolo Adicional do ACE nº 14, de 23 de junho de 2008, os dois países adotaram efetivamente uma política automotiva comum. Dentre os objetivos motivadores para a adoção do protocolo, destacamos do texto do mesmo:

- "A necessidade de aprofundar a integração produtiva, em especial no tocante aos investimentos, ao comércio e à produção";
- "A oportunidade de transformar o Mercosul em um pólo mundial de produção e desenvolvimento de produtos automotivos".

Prevista a sua vigência inicial para 1/07/2008, foi prorrogada sua vigência sucessivamente, até ser prorrogada por tempo indeterminado pelo Quadragésimo Quarto Protocolo Adicional, de 02/12/2019.

É relevante destacar que, conforme dispõe o artigo 3º deste Acordo, "Ambos os países acordam eliminar o mais tardar em 31 de dezembro de 1994, os gravames e demais restrições aplicadas em seu comércio recíproco.". O artigo 4º, por sua vez, dispõe:

"Artigo 4º - Para os efeitos dispostos no artigo anterior entender-se-á:

a) Por "gravames" os direitos aduaneiros e quaisquer outros encargos de efeitos equivalentes, sejam de caráter fiscal, monetário, cambial ou de qualquer natureza, que incidam sobre comércio exterior. Não estão compreendidas nesse conceito as taxas e encargos análogos quando corresponderem ao custo aproximado dos serviços prestados;".

O que é sugerido é que se proponha uma alteração no ACE nº 14, de forma a estatuir, no âmbito deste acordo, um tratamento preferencial, harmonizado e progressivo no tocante aos tributos internos, gravames ou ajustes de fronteira exigíveis no comércio bilateral.

Ora, a norma programática define e determina a extinção dos direitos aduaneiros e os chamados "gravames", os quais incluem, pela própria definição conceitual da norma, os chamados "ajustes de fronteira", a que nos referimos ao longo desta parte.

CONSIDERAÇÕES FINAIS

O Mercosul resulta de um esforço de alguns países do cone sul-americano no sentido de construir um espaço de aproximação das relações econômicas entre os países do continente. Neste sentido, ele está aberto a adesões de outros países, além daqueles que o compuseram originalmente, no Tratado de Assunção, de 1991.

O comércio regional mercosulino teve extraordinário êxito inicial, primordialmente nos anos de 1990, tendo arrefecido nos anos 2000, particularmente em decorrência das crises sistêmicas internacionais.

Partindo de premissas como: as interconexões entre Estado e soberania, passando pelo processo histórico construtor das aproximações regionais, a estruturação do Mercosul, o desenvolvimento e a repercussão neste processo das imposições tributárias internacionais, os contornos e influências dos sistemas de federalismo fiscal, idealizamos um ambiente que poderia ser institucionalizado nas relações comerciais entre Brasil e Argentina, possibilitando assim um renascer das forças mercosulinas, através do fortalecimento das relações econômicas entre os principais parceiros do bloco.

O que passo a propor é que se inicie, com base nos fundamentos jurídicos e motivações de natureza econômica expostos, um processo de harmonização dos tributos internos, ou nacionais, ou os chamados ajustes de fronteira, no comércio bilateral do setor automotivo entre Brasil e Argentina.

REFERÊNCIAS BIBLIOGRÁFICAS

ACCIOLY. Hildebrando. Tratado de direito internacional público. Rio de Janeiro: Ministério das Relações Exteriores, 1956, p. 32.

ALBERDI. Juan Bautista. Bases y Puntos de partida para La organización política de La República Argentina. Buenos Aires: Centro Editor de América Latina, 1982, cap. XVI.

ALBUQUERQUE. Simone Gasperin de. Isenção por meio de Tratados Internacionais & Autonomia Tributária. Curitiba: Juruá Editora, 2008, p. 134.

ALMEIDA, Paulo Roberto de. O Mercosul no Contexto regional e internacional. São Paulo: Aduaneiras, 1993, p. 1.

ALTAMIRANO. Alejandro C. Estrutura Básica del Impuesto al Valor Agregado (IVA) en la República Argentina. (in Reforma Tributária & Mercosul) (Organizador: Ubaldo Cesar Balthazar). Belo Horizonte: Ed. Del Rey, 1998.

ALTMAN. Zvi Daniel. Dispute Resolution under Tax Treaties. Cambridge: Harvard University, 2005.)(Thesis – Doctor of Juridical Science), p. 171.

AMARAL. Antonio Carlos Rodrigues do. Imposto sobre o Valor Agregado – IVA – Brasil – Mercosul – União Européia. São Paulo: Rumo/Academia Brasileira de Direito Tributário, 1995, p. 38.

AMARAL. Antonio Carlos Rodrigues do. Tributação no Mercosul (in Tributação no Mercosul – Pesquisas Tributárias – Nova Série – 3, I.G.S. Martins (Coord.). São Paulo: CEU/RT, 2002, p. 489-490.

AMARO. Luciano. Direito Tributário Brasileiro. São Paulo: Editora Saraiva, 2004. p.106-179.

ASENSIO. Miguel Angel. Federalismo Fiscal: Fundamentos. Analisis Comparado y el Caso Argentino.Buenos Aires: Universidad del Salvador, 2000, p. 33 a 162.

ASOREY. Rubén. Legalidad, certeza e irretroatividad fiscal, LL del 29/08/1988.

BACHA. Edmar. Integrar para Crescer: O Brasil na Economia Mundial (in Revista Brasileira de Comércio Exterior nº 118 – janeiro-março de 2014) Rio de Janeiro: FUNCEX, 2014.

BALASSA. Bela. Teoria da Integração Econômica. Lisboa: Livraria Clássica, 1961. (Apud PRAZERES, Tatiana Lacerda. A OMC e os Blocos Regionais. São Paulo: Ed. Aduaneiras, 2008, p. 134 e 135).

BASALDÚA. Ricardo Xavier. Tributos al Comercio Exterior. Buenos Aires: Ed. Abeledo Perrot, 2011, p. 377.

BALTHAZAR, Ubaldo Cesar. Análise dos conceitos de bases preliminares à ideia de um mercado comum no cone sul. Revista Sequência. Florianópolis, ano 15, n. 29, dez. 1994, p. 7-22.

BALTHAZAR. Ubaldo Cesar. Reforma Tributária, Mercosul e IVA. Revista da Faculdade de Direito da UFSC, Vol. 1. Porto Alegre: Síntese, 1998, p. 199.

BARACHO, José Alfredo de Oliveira. Teoria Geral do Federalismo. Rio de Janeiro: Forense, 1986, p. 209-210.

BARRAL, Welber. A agenda de comércio exterior no próximo governo (Revista Brasileira de Comércio Exterior n° 119 – abril-jun. 2014). Rio de Janeiro: Funcex, 2014.

BASTO. José Guilherme Xavier. A Tributação do Consumo e sua Coordenação Internacional. Lisboa: Centro de Estudos Fiscais, 1991, p. 75-76.

BAUMANN, Renato. Revista Brasileira de Comércio Exterior nº 101. Rio de Janeiro: Fundação Centro de Estudos do Comércio Exterior, 2009, p. 44.

BEKERMAN, DALMASSO. Marta, Gonzalo. Integração produtiva e políticas industriais: o caso da Argentina e do Brasil. (Revista Brasileira de Comércio Exterior n° 109 – out.-dez 2011). Rio de Janeiro: Funcex, 2011.

BERTI. Flávio Azambuja. Federalismo Fiscal e Defesa dos Direitos do Contribuinte: Efetividade ou Retórica? Campinas: Ed. Bookseller, 2005.

BERTI. Flávio de Azambuja. Federalismo Fiscal: questões contemporâneas. São Paulo: Editora Quartier Latin do Brasil, 2007, p.19-21.

BEVILÁQUA. Clóvis. Direito Público Internacional. Rio de Janeiro: Freitas Bastos, 1939, Tomo II, p. 21.

BEVILACQUA. Lucas. Federalismo, ICMS e Guerra Fiscal. (in Federalismo Fiscal – Questões Contemporâneas -) (Organizadores: José Maurício Conti, Fernando Facury Scaff e Carlos Eduardo Faraco Braga). Florianópolis: Conceito Editorial, 2010.

BLIACHERIENE, Ana Carla. Comércio Internacional e Tributação. São Paulo: Ed. Quartier Latin do Brasil, 2005, p. 310.

BODIN, Jean. Los seis libros de la Republique. Barcelona: Ed Orbis Hispamérica, 1989, p. 79.

BOMFIM, Diego. Tributação & Livre Concorrência. São Paulo: Ed. Saraiva, 2011, p. 122.

BONIFÁCIO. Artur Cortez. O Direito Constitucional Internacional e a proteção dos Direitos fundamentais. São Paulo: Ed. Método, 2008, p. 39-47.

BORGES, José Souto Maior. Curso de Direito Comunitário. São Paulo: Ed. Saraiva, 2005, p. 449-450.

BORGES, José Souto Maior. Sobre o Todo e suas Partes no Sistema Tributário Nacional (Revista Dialética de Direito Tributário n° 218). São Paulo: Editora Dialética, 2014, pgs. 107-108.

BORGES, Thiago Carvalho. Curso de Direito Internacional Público e Direito Comunitário. São Paulo: Ed. Atlas, 2011, p. 97-119.

BUJANDA. Sainz de. Sistema de Derecho Financiero. Análisis Estructural del Derecho Financiero. Ramos del Derecho público con sectores proyectados sobre La matéria financiera. Tomo I. Volume 2. Madri: Faculdad de Derecho de La Universidad Complutense, 1985, p. 571.

CÁCERES E DREILING. Alberto I. e Paola E. El Impuesto Al Valor Agregado. Buenos Aires: Ed. La Ley, 2004, p. 65.

CAMPOS. G. Bidart. Tratado Elemental de derecho constitucional argentino. Buenos Aires: Ed. Ediar, 1998, p. 104 e sgs.

CANO, Hugo González. La Armonización tributaria y La integración económica. Buenos Aires: Intraoceanicas, 1994, p. 4-5.

CARDOSO. Oscar Valente. Tratados Internacionais em Matéria Tributária: Aspectos Polêmicos. Revista Dialética de Direito Tributário n° 196. São Paulo: Oliveira Rocha – Comércio e Serviços Ltda., 2012, p. 113-116.

CARNEIRO, Cynthia Soares. O Direito da Integração Regional. Belo Horizonte: Editora Del Rey, 2007, p. 9-14.

CARO. Ernesto J. Rey. Los Tratados internacionales en el ordenamiento jurídico argentino. Consideraciones sobre la reforma constitucional, p. 223.

CARPIZO. Jorge. Federalismo en latinoamerica. México: UNAM, Instituto de Investigaciones jurídicas, 1973, p. 23.

CARRAZZA. Roque. Curso de Direito Constitucional Tributário. São Paulo: Ed. Malheiros, 2008 pp. 59 a 101.

CARRAZZA. Roque Antônio. ICMS. São Paulo: Ed. Malheiros, 1996, p. 22 e 73.

CARVALHO. José Augusto Moreira de. Federalismo e Descentralização: Características do Federalismo Fiscal Brasileiro e seus Problemas, in Federalismo Fiscal – questões contemporâneas, Orgs.(José Mauricio Conti, Fernando Facury Scaff e Carlos Eduardo Faraco Braga).São José (SC):Editora Conceito Editorial, 2010, p. 56.

CARVALHO. Paulo de Barros. Curso de Direito Tributário. São Paulo: Ed. Saraiva, 2000, p. 155.

CASANOVA. Gustavo J. Naveira de. Régimen Tributario Argentino. Buenos Aires: Editora Abeledo Perrot, 2010, p. 22.

CASÁS, José O; Restricciones al poder tributario de los municípios de provincia a partir de La Ley de Coparticipación Tributaria, em Casás, José O. (coord.), Derecho Tributario Municipal, Ad-Hoc, Buenos Aires, 2007, p. 20 e sgs.

CASELLA, Paulo Borba. Mercosul: exigências e perspectivas. São Paulo: LTr, 1996, p. 33.

CASELLA. Paulo Borba. Comunidade Europeia e seu ordenamento jurídico. São Paulo: LTr, 1994, p. 597.

CASSESSE. Antonio. Modern constitution and international Law. Recueil des Cours de L'académie de Droit International (RCADI), 1985, v. 192, p.334-475. Apud SOARES, Guido Fernando Silva. Curso de Direito Internacional Público. São Paulo: Ed. Atlas, 2002, p. 206-225.

CASSONE. Vittorio. Direito Tributário. São Paulo: Ed. Atlas, 2012, p. 43.

CASTRO. José Nilo. Considerações sobre o Federalismo, In Revista de Informação Legislativa, Brasília, ano 22, n. 85, p. 44-74. Jan/mar 1985.

CATARINO. João Ricardo. Lições de Fiscalidade. Coimbra: Edições Almedina, 2012, pgs.15-44.

CHESNAIS, François. A mundialização do capital. São Paulo: Ed. Xamã, 1996, p. 258.

CHIESA. Clélio. A competência Tributária do Estado Brasileiro. São Paulo: Max Limonad, 2002, p. 26.

CLAUSEWITZ, Carl Von. De La guerra. Paris, 1959.

CLEMENTINO, Marco Bruno Miranda. Harmonização Tributária, Integração Regional e Constituição. Porto Alegre: Sergio Antonio Fabris Editor, 2009, p. 83.

CLEMENTINO. Marco Bruno Miranda. Harmonização Tributária, Integração Regional e Constituição.Porto Alegre: Sergio Antonio Fabris Editora, 2009, pp. 95, 71, 155 e 158.

COÊLHO E DERZI. Sacha Calmon Navarro e Misabel Abreu Machado. Direito de Creditamento do ICMS Constante de Nota Fiscal regularmente Paga. Revista Dialética de Direito Tributário nº 222. São Paulo: Oliveira Rocha – Comércio e Serviços Ltda., 2014, p.188-190.

COELHO. Fabio Ulhoa. Curso de Direito Comercial. São Paulo: Editora Saraiva, 1999, vol.1, p. 51.

COÊLHO. Sacha Calmon Navarro. Curso de Direito Tributário. Rio de Janeiro: Ed. Forense, 1999, p. 329.

COLANINO, AICHINO E BILLARDI. Antonio Zino, Juan O. Zanotti e Cristian J. Curso De Derecho Tributario Internacional, Tomo II. (Coordinado por Victor Uckmar). Bogotá: Editorial Temis S/A, 2003.

COMO EXPORTAR ARGENTINA. Coleção Estudos e Documentos de Comércio Exterior. Ministério das Relações Exteriores – Departamento de Promoção Comercial e Investimentos – Divisão de Inteligência Comercial – Embaixada do Brasil em Buenos Aires – Setor de Promoção Comercial. Brasília: O Ministério, 2012.

CONTI. José Maurício. Considerações sobre o Federalismo Fiscal Brasileiro em uma Perspectiva Comparada, in Federalismo Fiscal – questões contemporâneas, Orgs.(José Mauricio Conti, Fernando Facury Scaff e Carlos Eduardo Faraco Braga).São José (SC):Editora Conceito Editorial, 2010, p. 17.

CONTI. José Maurício. José Mauricio. Federalismo e Fundos de Participação. 1. Ed. São Paulo: Juarez de Oliveira, 2004, p. 08.

CONTI. José Maurício. O Estado e o Imposto: Federalismo Financeiro, in Lições de Fiscalidade (Coord. De João Ricardo Catarino e Vasco Branco Guimarães) Coimbra: Edições Almedina S.A., 2012, p. 396.

DALLARI. Pedro B. A. Constituição e Tratados Internacionais. São Paulo: Ed. Saraiva, 2003.

DALLARI. Dalmo de Abreu. Elementos de Teoria Geral do Estado. São Paulo: Editora Saraiva, 2001, p. 255 a 258.

DALLAZEM. Dalton Luiz. O Impacto Econômico da Incidência de PIS/Pasep e Cofins sobre a importação de bens e serviços – Equilíbrio ou desequilíbrio entre produtos nacionais e importados? In Temas Atuais de Direito Aduaneiro. São Paulo: Lex Ed. S/A, 2008, p. 180.

DORNELLES, AFONSO. Francisco, José Roberto. Desenvolvimento exige um novo sistema tributário. (Revista Brasileira de Comércio Exterior nº 102 – Jan.-Mar. 2010). Rio de Janeiro: FUNCEX, 2010.

DÓRIA. A. R. Sampaio.Discriminação de Rendas Tributárias. São Paulo: José Bushatsky editor, 1972, p. 9.

DOUGHERTY, James; PFALTZGRAFF JR.,Robert. Contending Theories of International Relations: a comprehensive survey. New York: Longman, 2001, p. 512.

DUGUIT, Léon. Traité de Droit Constitutionnel, 2ª Ed. Paris, 1923, p. 21.

ELALI. André. Incentivos Fiscais Internacionais: Concorrência fiscal, mobilidade financeira e crise do Estado. São Paulo: Quatier Latin, 2010, p. 246.

ELALI. André. O Federalismo Fiscal Brasileiro e o Sistema Tributário Nacional. São Paulo: Ed. MP, 2005, p. 81.

Exportação Brasileira - Argentina - Principais Produtos. MDIC/Secex/Depla.Estatísticas de Comércio Exterior. www.comexbrasil.gov.br, 05/01/2015, RT_312, acesso em 20/01/2015.

FANTIN. Graciela R. Manera. Principios de Derecho Constitucional Tributario. Córdoba: Alveroni Ediciones, 2010, p. 103.

FARIA, José Angelo Estrela. O Mercosul: princípio, finalidade e alcance do Tratado de Assunção. Brasília: Ministério das Relações Exteriores do Brasil, 1993, p. 38-40.

FARIA, Werter. Estudos da Integração: harmonização legislativa no Mercosul. Brasília: Associação Brasileira de Estudos da Integração, 1995, p. 11.

FARIA. Werter. Estudos da Integração: harmonização legislativa no Mercosul. Brasília: Associação Brasileira de Estudos da Integração, 1995, p. 11.

FERNANDES, Edilson Carlos. Sistema Tributário do Mercosul: o processo de harmonização das legislações tributárias. São Paulo: Editora Revista dos Tribunais, 2001, p. 57 e 223.

FERNANDES. Edison Carlos. Paz tributária entre as Nações: teoria da aproximação tributária na formação dos blocos econômicos. São Paulo: MP Editora, 2006, p. 125-126.

FERNANDES. Edison Carlos. Sistema Tributário do Mercosul: o processo de harmonização das legislações tributárias. São Paulo: Editora Revista dos Tribunais, 2001, p. 92-212. Apud VASCONCELOS, Roberto França de. Aspectos Econômicos dos Tratados Internacionais, in Revista de Direito Tributário Internacional. São Paulo: Ed. Quartier Latin, 2005, p. 197-198.

FERNANDES. Regina Celi Pedrotti Vespero. Imposto sobre Transmissão Causa Mortis e Doação - ITCMD. São Paulo: Revista dos Tribunais, 2005, p. 27.

FERRAJOLI, Luigi. A soberania no mundo moderno. São Paulo: Martins Fontes, 2002, p. 142.

FERREIRA, Aldo Leão. Mercosul: comentários sobre o Tratado de Assunção e o Protocolo de Brasília. Porto Alegre: Livraria do Advogado, 1994, p. 13.

FERRO, Susana; SANTAMARÍA, Gilberto. Mercosur: aspectos tributarios del proceso de integración latinoamericana. Buenos Aires: Ediciones Jurídicas Cuyo, 1995, p.78, apud SALDANHA, Eduardo. Harmonização Legislativa Tributária: no Mercosul e na União Européia. Curitiba: Juruá Editora, 2008, p. 130.

FILHO. Aurélio Pitanga Seixas. Eficácia de Tratado Internacional Aduaneiro e os Impostos Internos. Revista Dialética de Direito Tributário n° 174. São Paulo: Oliveira Rocha - Comércio e Serviços Ltda., 2010, p. 40.

FILHO, CATÃO, Antonio Rodrigues da Silva e Marcos André Vinhas. Harmonização Tributária no Mercosul. São Paulo: Editora Aduaneiras, 2001,p. 59.

FILHO, Sérgio Cavalieri. Você conhece sociologia jurídica?, 6ª Ed. Rio de Janeiro: Forense, 1996, p. 9.

FILHO. Luiz Dias Martins. O Federalismo Fiscal Brasileiro sob Ótica da Integração Econômica Internacional. Brasília: Caderno de Finanças Públicas n. 8, dez. 2007, p. 41-100.

FILHO. Sérgio Papini de Mendonça Uchoa. Tributação, Comércio e Solução de Controvérsias Internacionais: A Função da OMC na Harmonização Tributária Internacional. São Paulo: Ed. Quartier Latin, 2011, pp.284, 285 e 287.

FILHO. Washington Juarez de Brito. O Princípio de Não Discriminação Tributária no Comércio Internacional de Bens. São Paulo: W. J. de Brito Filho, 2011. Tese (Doutorado) – Faculdade de Direito da USP, 2011.

FOLLONI. André Parmo. Tributação sobre o Comércio Exterior. São Paulo: Ed. Dialética, 2005, p. 129.

FRONDIZI. Silvio. El federalismo en La República Argentina en los sistemas federales del continente americano. México: UNAM y Fondo de Cultura Económica, 2002.

FURLAN, Fernando de Magalhães. Integração & Soberania, O Brasil e o Mercosul. São Paulo: Ed. Aduaneiras, 2004, p. 164.

GARCIA. Jorge I. El federalismo argentino en lecturas jurídicas, n. 20, México, Jul/Set, 1964, p. 5.

GARELLI, Alessandro. Il diritto internazionale tributário. Turim: [s.n.], 1899, p. 60 apud PIRES, Manuel. Da dupla tributação jurídica internacional sobre o rendimento. Lisboa: [s.n.], 1984, p. 252.

GOMES, Orlando. Curso de Direito Civil. Rio de Janeiro, Edição Forense, 1977, vol. 1 p. 21.

GOMES. Émerson C. S. Fundamentos das Transferências Intergovernamentais. São Paulo: Revista IOB de Direito Administrativo, ano II, n. 24, dez/2007, p. 70.

GOMES. Fabio Luiz. Manual sobre o IVA nas Comunidades Européias. Os Impostos sobre o Consumo no Mercosul. Curitiba: Ed. Juruá, 2006, p. 164, nota de rodapé 519.

GOÑI. Enrique G. Bulit. Tratado de Derecho Internacional Tributario. Constitución Nacional Argentina y Derecho Internacional Tributario. (Coordinado por Cristián Billardi). Buenos Aires: Ed. La Ley, 2013.

GRECO, ROCHA. Marco Aurélio, Sergio André. Manual de Direito Tributário Internacional. São Paulo: Ed. Dialética, 2012.

GRILLO, Fabio Artigas. Avaliação e perspectivas da harmonização tributária sobre o consumo e a renda no âmbito do Mercosul, in Finanças Públicas - IX Prêmio Tesouro Nacional - 2004. Brasília: Editora Universidade de Brasília, 2005, p.929.

GRUPENMACHER. Betina Treiger. Tratados Internacionais em Matéria Tributária e Ordem Interna. São Paulo: Dialética, 1999, p. 122-131. Apud

GUADAGNI, Alieto A. Argentina: Integración em el Mercosul e integración em el mundo. Estudos argentinos para La integración del Mercosur, Ministerio de Relaciones Exteriores y Cultura, Buenos Aires, 1993.

GUARDIA. Ernesto De La. Derecho de los Tratados Internacionales. Buenos Aires: Ed. Ábaco de Rodolfo Depalma, 1997, p. 49-50.

GUIMARÃES. Vasco Branco. A Tributação do Consumo no Brasil: uma visão européia. (in IVA para o Brasil. Contributos para a Reforma da Tributação do Consumo) (Organizadores: Oswaldo Othon de Pontes Saraiva Filho, Sérgio Vasques e Vasco Branco Guimarães). Belo Horizonte: Editora Forum, 2007.

GURVITCH, Georges. Déterminismes sociaux et liberte humaine. Paris: Presses Universitaires de France, 1963, p. 275.

GUSMÃO, Paulo Dourado de. Introdução ao Estudo do Direito. Rio de Janeiro: Editora Forense, 1999, p. 214.

HASS, Ernst. The study of Regional Integration: reflections on the joy and anguish of pretheorizing. International Organization, v. 24, n.4, Autumn 1970, p. 604-646.

HEGEL. Georg Wilhel Friedrich. Principles de La Philosophie Du Droit. Paris: Librairie Philosophique J. Vrin, 1975.

HENRIQUES. Elcio Fiori. A Não Discriminação Tributária no Mercosul e o PIS-Importação e a Cofins-Importação. (in Revista de Direito Tributário Internacional nº 5) (Coordenadores: Clóvis Panzarini Filho, Fernando Tonanni, Marco Antônio Behrndt, Ricardo Pereira Ribeiro, Rodrigo Santos Masset Lacombe). São Paulo: Ed. Quartier Latin, 2007.

HENSEL. Albert. Derecho Tributario. Madrid-Barcelona: Ed. Marcial Pons, 2005, p. 189-190.

HERNÁNDEZ. Antonio María. Federalismo, autonomía municipal y ciudad de Buenos Aires en La reforma constitucional de 1994. Buenos Aires: Ediciones De Palma, 1997, p. 26-27.

HOBBES, Thomas. Leviatã. Lisboa: Imprensa Nacional - Casa da Moeda, 1995.

HOBBES, Thomas. Leviatã. Rio de Janeiro: Ed.Nova Cultural, 1990, p. 146.

HOBBES, Thomas. Leviatã. São Paulo: Ed. Nova Cultural, 1996, p. 146.

JARACH. Dino. Curso superior de derecho tributario. Buenos Aires: Cima, 1969, p. 113.

JARACH. Dino. Entorno al principio de capacidad contributiva en la economía financiera y en el derecho tributario. La Información, LVI, 1997, pags. 878 e segs.

JARACH. Dino. Finanzas públicas y derecho tributario. Buenos Aires: Ed. Cangallo, 1983, p. 839.

JELLINEK, Georg. Teoría General del Estado. Buenos Aires: Ed. Albatros, 1981, p. 121.

JUNIOR, Godofredo Teles. A Criação do Direito. São Paulo, edição do autor, 1953, vol I, p. 555.

JÚNIOR. Armando Alvarez. Conflitos entre Normas do Mercosul e Direito Interno. São Paulo: LTR, 1997, p. 345.

KANT, Emmanuel. Fundamentação da Metafísica dos Costumes. Lisboa, Ed. 70, 1991.

KAPLAN. Hugo E. Historia de La Tributación Argentina (1810-2010) – Directores Horacio A. García Belsunce y Vicente Oscar Díaz. Buenos Aires: Associación Argentina de Estudios Fiscales, 2010, p. 807.

KELSEN, Hans. Il problema della sovranitá e La teoria Del diritto Internazionale. Milano, Giuffrè, 1989, p. 390.

KELSEN, Hans. Teoria Pura do Direito. Coimbra: Armênio Amado Editora,1984, p. 385.

KFOURI JR. Anis. Curso de Direito Tributário. São Paulo: Ed. Saraiva, 2012.

LEO. Sergio. Argentina e Brasil: os caminhos que se bifurcam. São Paulo: Jornal Valor Econômico, 16/01/2012, p. 2.

LEO, Sergio. Questões terrenas com o país do papa. São Paulo: Jornal Valor Econômico, 18/03/2013, p. 2.

LESSA. Carlos Francisco Theodoro Machado Ribeiro de. Lições americanas e argentinas. São Paulo: Jornal Valor Econômico, 20/01/2014, p. 11.

LINARES. Juan Francisco. Razonabilidad de las leyes, el debido proceso como garantia innominada de la Constitución Argentina. Buenos Aires: Astrea – Depalma, 1989, p. 31.

LISZT, Franz Von. Derecho Internacional Público. Barcelona: Gustavo Gili, 1929, p. 173.

LOBO. Rogério Leite. Federalismo fiscal brasileiro: discriminação das rendas tributárias e centralidade normativa. Rio de Janeiro: Lumen Juris, 2006, p. 71.

LUCIOLI. Estela R. Régimen Tributario Argentino (Impuestos Internos). Buenos Aires: Abeledo Perrot, 2010.

LUPI, André Lipp Pinto Basto. Soberania, OMC e Mercosul. São Paulo: Ed. Aduaneiras, 2001, p. 228-230.

LUQUI. Juan Carlos. Las garantías constitucionales de los derechos de los contribuyentes, LL, 1971, pgs. 907 e segs.

MACHADO. Hugo de Brito. Curso de Direito Tributário. São Paulo: Ed. Malheiros, 2004, p. 72 e 275.

MACHADO. Hugo de Brito. Tratados Internacionais e Isenções de Tributos Estaduais e Municipais. Revista Dialética de Direito Tributário nº 164. São Paulo: Oliveira Rocha - Comércio e Serviços Ltda., 2009, p. 66-70.

MACHIAVELLI, Nicolo. Il Principe 13ª Ed., 2003 Florença, p. 37.

MADISON. James. O Federalista. Tradução de Heitor Almeida Herrera. Brasília: Editora UnB, 1984, p. 211-212.

MALUF, Sahid. Teoria Geral do Estado. 23ª Ed. São Paulo: Saraiva, 1995, p.22.

MALUF. Said. Teoria geral do Estado. Ver e atual. Miguel Alfredo Maluf e Neto. São Paulo: Ed. Saraiva, 1998, p. 171-172.

MARCO. Anelise Rigo de. Os Limites da competência reformadora da constituição e o risco na tributação. Londrina: UNOPAR Científica Jurídicas e Empresariais, set. 2012, v. 13, n. 2, p. 35-40.

MARKWALD. Ricardo. Inserção do País na economia mundial: qual a singularidade do Brasil? (Revista Brasileira de Comércio Exterior nº 118 – jan.-mar. 2014). Rio de Janeiro: Funcex, 2014.

MARIANO, Marcelo Passini. A Estrutura Institucional do Mercosul. São Paulo: Aduaneiras, 2000, p. 84.

MARTINS. Ives Gandra da Silva. Tributação no Mercosul, in Conjuntura Econômica. Rio de Janeiro: Fundação Getúlio Vargas, 1997, p. 22.

MARX, Karl. Manifesto do Partido Comunista. Petrópolis: Ed. Vozes, 1996, p. 548.

MATIENZO. José Nicolás. El Gobierno representativo federal en La República Argentina. Madrid: Editorial América, s.f., p. 61.

MAXIMILIANO. Carlos. Hermenêutica e Aplicação do Direito. Rio de Janeiro: Ed. Forense, 1999, p. 314.

MEADE, James. The Theory of Customs Union. Amsterdam. North-Holland Publishing, 1968, P. 34.

MENESCAL. Leonardo Alcantarino. Guerra Fiscal, Desigualdades Regionais e Federalismo no Brasil. (in Federalismo Fiscal – Questões Contemporâneas -) (Organizadores: José Maurício Conti, Fernando Facury Scaff e Carlos Eduardo Faraco Braga). Florianópolis: Conceito Editorial, 2010.

MESSINEO. Alejandro. Tratado de Derecho Internacional Tributario. Procedimiento de Creación, Vigencia y Denuncia de los Tratados. Convención de Viena sobre Derecho de Los Tratados. (Coordinado por Cristián Billardi). Buenos Aires: Ed. La Ley, 2013.

MÓNACO. Riccardo. Comparison et rapprochement dês législations dans le marchê comum européen. Revue Internationale de Droit Comparé, 1960.

MORAES, Bernardo Ribeiro de. Compêndio de Direito Tributário. Editora Forense, São Paulo, 1993, p. 9, 12.

NAVARRINE. Susana C.Tratado de Derecho Internacional Tributario. Jerarquía Constitucional de las Convenciones en Materia Tributaria. (Coordinado por Cristián Billardi). Buenos Aires: Ed. La Ley, 2013.

NEUMARK, Fritz. Principios de La Imposición. Instituto de Estudios Fiscales, Madrid, 1974.

NOGUEIRA, Alberto. Globalização, Regionalizações e Tributação, a nova matriz mundial. Rio de Janeiro: Ed. Renovar, 2000, p. 116, 117.

NUNES. José de Castro. Do Estado Federado e sua organização municipal. Brasília: Câmara dos Deputados, 1982, p. 55-56.

NUÑEZ, Fabiana H. Schafrik De, e, ALBORNOZ, Juan José. Régimen Tributario Argentino. Buenos Aires: Editora Abeledo Perrot, 2010, p. 44.

OCAMPO, Raúl Granillo. Direito Internacional Público da Integração. Rio de Janeiro: Elsevier, 2009, p. 495-496.

OLIVEIRA. Celso Maran de. MERCOSUL – Livre Circulação de Mercadorias. Medidas protecionistas a serem levantadas no Mercosul rumo ao mercado comum: processo comparativo com a União Européia. Curitiba: Juruá Editora, 2003, p. 250-252.

OLIVEIRA, Odete Maria de. União Européia. Processo de Integração e Mutação. Curitiba, Ed. Juruá, 1999, p. 33-34.

OLIVEIRA. Hygino Sebastião Amanajás. Federalismo Fiscal no Brasil e na Argentina - breve análise (Federalismo Fiscal – questões contemporâneas). Santa Catarina: Editora Conceito Editorial, 2010, pp. 36 a 50.

OLIVEIRA. Renata Fialho de. Harmonização Jurídica no Direito Internacional. São Paulo: Quartier Latin, 2008 (apud Vita Jonathan Barros. Teoria Geral do Direito: Direito Internacional e Direito Tributário. São Paulo: Ed. Quartier Latin, 2011,p. 193).

OLMOS. Marli. GM para de exportar carros do Brasil para o mercado argentino. São Paulo: Jornal Valor Econômico, 11/09/2014, p. 3.

ORIHUELA, Andrea M. Constitución Nacional. Buenos Aires: Editorial Estudio, 2008, p. 204.

PALMA. Clotilde Celorico A Harmonização comunitária do Imposto sobre o Valor Acrescentado: quo vadis? (in IVA para o Brasil. Contributos para a Reforma da Tributação do Consumo) (Organizadores: Oswaldo Othon de Pontes Saraiva Filho, Sérgio Vasques e Vasco Branco Guimarães). Belo Horizonte: Editora Forum, 2007.

PANORAMA BRASIL/ARGENTINA. Federação das Indústrias do Estado de São Paulo – FIESP/CIESP- Departamento de Relações Internacionais – Derex-. Maio/2014. Retirado do Wikipédia, acesso em 20/01/2014, p. 4.

PEREIRA. Paula Rosado. A Tributação das Sociedades na União Européia: Entraves Fiscais ao Mercado Interno e Estratégias de Aceitação Comunitária. Lisboa: Ed. Almedina, 2004, p. 264-291.

PERES. Eliane Lamarca Simões. O Preço de Transferência e a Harmonização tributária no Mercosul. Rio de Janeiro: Ed. Lumen Juris, 2002, p.163-166.

PERES. Eliane Lamarca Simões. O Preço de Transferência e a Harmonização tributária no Mercosul. Rio de Janeiro: Ed. Lumen Juris, 2002, p.163-166.

Pesquisa de Jurisprudência – STF. HTTP://www.stf.jus.br/portal/jurisprudencia. Acesso em 24/02/2015.

PINHEIRO. Gabriela. A fiscalidade direta na União Europeia. Porto: Ed. Universidade Católica Portuguesa, 1998, p. 57-58.

PITA, Claudino. Uma abordagem conceitual da harmonização tributária no Mercosul, in Mercosul – perspectivas da integração. Rio de Janeiro: Fundação Getúlio Vargas editora, 1996, p. 121.

POMFRET, Richard. The Economics of Regional Trading Arrangements. Oxford: Claredon Press, 1997, p.510.

PRADO. Sérgio. Equalização e federalismo fiscal: uma análise comparada: Alemanha, Índia, Canadá, Austrália. Rio de Janeiro: Konrad Adenauer Stifung, 2006, p. 15.

PRAZERES. Tatiana Lacerda. A OMC e os Blocos Regionais. São Paulo: Editora Aduaneiras, 2008, p. 231.

RAMINA. Larissa. Direito do Comércio Internacional. Pragmática, Diversidade e Inovação. Contributo ao Estudo da Sistematização e hierarquia dos tratados no direito brasileiro – tratado geral, tratados em matéria tributária e tratados de direitos humanos. Curitiba: Ed. Juruá, 2010, p. 209.

RAO, Vicente. O direito e a vida dos direitos. São Paulo, Editora Resenha Universitária, 2ª Ed.1976, vol. I, tomo 1, p. 1.

RAYA, Carrera. Manual de Derecho Financiero. Madrid: Tecnos, 1998, p. 47.

REALE. Miguel. Pluralismo e institucionalização. Disponível em: HTTP://orbita.starmedia.com/pensadores_brasileiros/Miguel Reale/Pluralismo_e_institucionalizacao.htm. Acesso em: 27 nov. 2001.

RÊGO, Elba Cristina Lima. O processo de integração no Mercosul. Revista do BNDES, n.3, 1995, p. 168.

RIBEIRO, Fernando. Revista Brasileira de Comércio Exterior n° 107. Rio de Janeiro: Fundação Centro de Estudos do Comércio Exterior, 2011, p. 2-3.

ROSEMBUJ. Tulio. Los Impuestos y La Organización Mundial del Comercio. Barcelona: Ed. El Fisco, 2007, p. 233 y 237.

ROUSSEAU, Jean Jacques. Do Contrato Social. Coleção "Os Pensadores", Editor: Victor Civita, São Paulo, 1983, p. 31-32 e 55.

ROUSSEAU, Jean-Jacques. O Contrato Social. São Paulo: Ed. Martins Fontes, 1998, p. 43.

SAINZ, Ricardo Calle. La armonización fiscal europea y el Impuesto sobre el Valor Añadido. El Impuesto sobre el Valor Añadido. Primer impuesto Europeo. Instituto de Estudios Fiscales/Ministério de Hacienda. Inpreso em La Fábrica Nacional de Moneda y Timbre, 1971, p. 267.

SAINZ. Ricardo Calle. La Armonización fiscal europea y el Impuesto sobre el valor Añadido. El Impuesto sobre el valor añadido. Primer Impuesto Europeo. Instituto de Estudios Fiscales/Ministério de La Hacienda. Inpreso em La Fabrica Nacional de Moneda y Timbre, 1971, p. 267.

SALDANHA, Nelson. Sociologia do Direito. Rio de Janeiro: Ed. Renovar 1999, p. 138.

SALDANHA. Eduardo. Harmonização Legislativa Tributária: no Mercosul e na União Européia. Curitiba: Juruá Editora, 2008, pp. 130 e 197.

SANTIAGO. Igor Mauler. Direito Tributário Internacional. São Paulo: Quartier Latin, 2006, p. 67-68.

SANTIAGO. Igor Mauler. Direito Tributário Internacional – métodos de solução dos conflitos. São Paulo: Ed. Quartier Latin, 2006, p. 49-50.

SELIGMAN. Edwin R. A. Essays in taxation. Reprints of economic classics. New York: Augustus M. Kelley Publishers, 1969, p. 110.

SHOUERI. Luís Eduardo. Direito Tributário. São Paulo: Ed. Saraiva, 2011.

SHOUERI. Luis Eduardo. ISS sobre a importação de serviços do exterior. Revista Dialética de Direito Tributário n° 100. São Paulo: Dialética, dezembro de 2003, pp. 39-51.

SHOUERI. Luís Eduardo. Tratados Internacionais na Ordem Jurídica Brasileira. São Paulo: Ed. Aduaneiras, 2005, p. 201-205.

SHOUP. Carl (Ed.). Introduction. Fiscal Harmonization in Common markets. Volume I: Theory. Nova Iorque e Londres: Columbia University Press, 1967, p. ix.

SICHES, Recásens. Tratado General de Filosofía del Derecho. Ed. Porrúa, México, 1959, Cap. VIII (Las Funciones Del Derecho em La Vida Social).

SIERRA. Maria Teresa Matta. La Armonización Fiscal en la Comunidad Europea. Valladolid: Lex Nova, 1996, p. 48.

SILVA. Carlos Roberto Lavalle da. Harmonização tributária no Mercosul, in Mercosul – perspectivas de integração. Rio de Janeiro: Fundação Getúlio Vargas, 1996, p. 144.

SILVA, Sergio André R. G. da. Integração Econômica e Harmonização da Legislação Tributária. Rio de Janeiro: Editora Lumen Juris, 2003, p. 13-32.

SILVEIRA. Cláudia Maria Toledo. Pacto Federativo. Organização de José Luiz Quadros de Magalhães. Belo Horizonte: 2000, p. 72-73.

SOARES, Esther Bueno. Mercosul – Desenvolvimento Histórico. São Paulo: Oliveira Mendes, 1997, p. 4.

SOARES, Guido. Mercosul: das negociações à implantação. São Paulo, Ed. LTr, 1994, p. 39.

SOARES. Guido Fernando Silva. Curso de Direito Internacional Público. São Paulo: Atlas, 2002, p. 43-5.1

SPISSO. Rodolfo R. Derecho Constitucional Tributario. Buenos Aires: Abeledo Perrot, 2011, p. 246-247.

TARQUINI. Maria Celia Castorina de. Federalismo e Integración. Buenos Aires: Sociedad Anónima Editora, Comercial, Industrial y Financiera, 1997, p.46-47.

TAVARES, Maria da Conceição. Cinquenta anos de pensamento na Cepal. Rio de Janeiro: Editora Record, 2000, p. 88.

TENÓRIO, Oscar. Direito Internacional Privado. Rio de Janeiro: Freitas Bastos, 1976, p. 96-97.

TEODOROVICZ, Jeferson. Harmonização Tributária Internacional: entre a doutrina e a política -Revista Direito Tributário Atual 28-. São Paulo: Ed. Dialética, 2012, p. 97 a 118.

TEODOROVICZ. Jeferson. História da Harmonização Tributária Internacional: entre a doutrina e a política. (Revista Direito Tributário Atual n° 28). São Paulo: Ed. Dialética, 2012.

TER-MINASSIAN, Teresa. Fiscal Federalism in Theory and Practice. Washington DC: Teresa Ter-Minassian Editor/International Monatary Fund, 1997, p. 440.

TILBERY. Henry. Tributação e integração da América Latina. São Paulo: José Bushatshky, 1971, p. 3-4.

TORRES, Heleno. Pluritributação Internacional sobre as Rendas das Empresas. São Paulo: Editora Revista dos Tribunais, 2001, p. 53 e 580.

TORRES. Ricardo Lobo. É possível a criação do IVA no Brasil? (in IVA para o Brasil. Contributos para a Reforma da Tributação do Consumo) (Organizadores: Oswaldo Othon de Pontes Saraiva Filho, Sérgio Vasques e Vasco Branco Guimarães). Belo Horizonte: Editora Forum, 2007.

UCKMAR. Victor. Principios Comunes del Derecho Constitucional Tributario. Bogotá: Editorial Temis S/A, 2002, p. 9-15, 59, 104-105.

UDINA. Manlio. Il Diritto Internazionale Tributário. Pádua: Cedam, 1949. Apud SHOUERI. Luís Eduardo. Tratados Internacionais na Ordem Jurídica Brasileira. São Paulo: Ed. Aduaneiras, 2005, p. 201-205.

VACCHINO, Juan Mario. Integración Latinoamericana: de La ALALC a La ALADI. Buenos Aires: Depalma, 1983, caps. 4 e 5.

VAILLANT, Marcel. Revista Brasileira de Comércio Exterior n. 107. Rio de Janeiro: Fundação Centro de Estudos do Comércio Exterior, 2009, p. 25-27.

VASCONCELOS, Roberto França de. Revista Tributária das Américas: Histórico dos Princípios de Tributação das Atividades Transnacionais. São Paulo: Editora Revista dos Tribunais, 2011, p. 386.

VECCHIO, Giorgio Del. Lezioni di Filosofia Del Diritto. 10 ed. Milano, 1958.

VECCHIO, Giorgio Del. Lições de Filosofia do Direito. Coimbra: Ed. Armênio Amado, 1979, p. 52-53.

VEIGA, Pedro da Mota. Mercosur's Institutionalization Agenda: the challengers of a Project in crisis. Buenos Aires: IDB-Intal, 2004, p. 12.

VELLOSO, AMARAL (coord.). Carlos Mário da Silva, Antonio Carlos Rodrigues do. Tratados Internacionais na Jurisprudência do Supremo Tribunal Federal (capítulo), in Tratados Internacionais na Ordem Jurídica Brasileira. São Paulo: Ed. Aduaneiras, 2005, p.16-17.

VENTURA, Deisy de Freitas Lima. A Ordem Jurídica do Mercosul. Porto Alegre: Livaria do Advogado, 1996, p. 59.

VIEIRA. José Roberto. A regra-matriz de incidência do IPI: texto e contexto. Curitiba: Juruá, 1993, p.98.

VIGNALI, Heber Arbuet. Claves Jurídicas de la Integración. Santa Fé: Rubinzal-Culzoni Editores, 2004, p. 180-183.

VIGNALI, Heber Arbuet.. El atributo de la Soberanía en el marco de la Integración Internacional. IX Encontro Internacional de Direito da América do Sul. Anais. La Paz, Bolívia, 2000.

VIGNALI, Heber Arbuet.Revista do Centro de Estudos do Conselho da Justiça Federal, número de agosto de 1997, p. 47.

VILLELA, BARRIEUX, VELAYOS. Luis, Alberto, Fernando. Integración Regional y Armonización Tributaria: Desafios y Experiencias en América Latina. (in Revista de Direito Tributário Internacional nº 7) (Coordenadores: Clóvis Panzarini Filho, Fernando Tonanni, Marco Antônio Behrndt, Ricardo Pereira Ribeiro, Roberto França Vasconcelos). São Paulo: Ed. Quartier Latin, 2007.

VILLEGAS. Héctor B. Curso de finanzas, derecho financiero y tributario. Buenos Aires: Ed. Depalma, 1992. Pgs. 195-197.

VILLEGAS. Héctor B. Curso de Finanzas, Derecho Financiero y Tributario. Buenos Aires: Editorial Astrea, 2009, pgs. 289-793.

VILLEGAS. Héctor B. Manual de Finanzas Públicas. Buenos Aires: Ediciones De Palma Buenos Aires, 2000, p. 296-297.

VINER, Jacob. The Customs Union Issue. New York: Carnegie Endowment for International Peace, 1950 (apud PRAZERES. Tatiana Lacerda. A OMC e os Blocos Regionais. São Paulo: Ed. Aduaneiras, 2008, P.137).

VITA. Jonathan Barros. ICMS na Importação de Mercadorias e Triangulação Interna de Operações: uma Nova Perspectiva Pós-DN CAT e Convênio 85 de 2009. (Revista Direito Tributário Atual 23). São Paulo: Ed. Dialética, 2009, p. 260.

VITA. Jonathan Barros. Teoria Geral do Direito: Direito Internacional e Direito Tributário. São Paulo: Ed. Quartier Latin, 2011, p. 336.

VIZCAÍNO. Catalina García. Derecho Tributario. Buenos Aires: Ed. Depalma, 2002, p. 237.

VOGEL, Klaus. World-Wide vs. Source Taxation of Income – A review and revaluation of arguments. Munique: International Tax Review, 1988, p. 82.

WALLERSTEIN. Immanuel. Utopística ou as decisões históricas do século XXI. Petrópolis: Ed. Vozes, 2003, p. 8-10.

WATANABE, PEDROSO. Marta, Rodrigo. Indústrias substituem Argentina por outros países da América Latina. São Paulo: Jornal Valor Econômico, 18/11/2014, p. 5

WELFFORT. Francisco C. Os Clássicos da Política, Série Fundamentos 62, vol 1. São Paulo: Ed. Ática, São Paulo, 1998, p. 82.

XAVIER. Alberto. Direito tributário internacional do Brasil: tributação das operações internacionais. Rio de Janeiro: Forense, 1998, p. 124.

YAMASHITA. Douglas. Direito Tributário: uma visão sistemática. São Paulo: Ed. Atlas, 2014, pp. 243-245.

ZALDUENDO. Suzana. Empresas Binacionales argentino-brasileña. Buenos Aires: Depalma, 1999, p. 329.

ZARINI. Helio Juan. Derecho Constitucional. Buenos Aires: Astrea Depalma, 1992, p. 369.

ZORRACHÍN BECÚ, Ricardo. Formación constitucional del federalismo. Revista de La Faculdad de Derecho y Ciencias Sociales, año VIII, n. 33. Buenos Aires, 1953, p. 481.

Vermelho Marinho